松本人志と
お笑いとテレビ

ラリー遠田

お笑い評論家

820

中公新書ラクレ

日本人の心と
美のかたち

ドナルド・キーン
金関寿夫 訳

はじめに

今お笑い界は激動の時を迎えている。お笑いとテレビを取り巻く状況が大きく変わり、さまざまなところで新しい動きが起こっている。

「お笑いビッグ3」のタモリ・ビートたけし・明石家さんま、「お笑い第三世代」のとんねるず・ウッチャンナンチャン・ダウンタウンなどの勢いが目に見えて衰えてきて、世代交代の機運が高まっている。

しかし、その下の世代はいまだ群雄割拠の状態にあり、「天下を取った」と言い切れるほどの絶対的な存在は見当たらない。

若い世代の芸人の中には、テレビにこだわらずにＹｏｕＴｕｂｅやライブなどに軸足を置いて独自の活動を行っている者もいる。活動の拠点を海外に移す人も出てきている。

メディア環境もここ数年で大きく変わった。テレビ一強時代はすでに終わりを迎えていて、ＹｏｕＴｕｂｅをはじめとするウェブ系の動画メディアが勢いを増している。お笑いやテレビバラエティを楽しむ受け手側の意識もどんどん変わっている。「人を傷つけない笑い」を求める声がますます大きくなり、痛みを伴うリアクション芸や女性の容姿イジリが敬遠されるようになった。

時代が大きく動くときには、それを象徴するような出来事が自然に起こるものだ。松本人志の性加疑惑はまさにそのような事件だった。

笑いのカリスマとして君臨していた松本が、週刊誌で複数の女性に対する性加害疑惑を報じられた。真偽のほどは不明だが、毎週のように彼からの被害を訴える女性が続々と名乗りを上げて、被害の実態を生々しく告白した。松本は出版社に対する名誉毀損裁判に専念するために活動を休止することを発表した。

週刊誌で書かれていることがどの程度まで正しいのかはわからないが、既婚者である松本が後輩芸人に若い女性を集めさせて、ホテルの一室で性的行為を目的とした飲み会を行っていた事例が多数報じられている。しかも、そこで嫌な思いをしたという複数人の女性が名乗り出ている。

もし、これが事実だとすれば、2024年現在の一般的な倫理観では許されないことだろう。芸能人として人前に出て活動をするのにふさわしい人間ではないと思われても仕方がない。「芸人の女遊びぐらい大目に見ろよ」といった考え方はもはや通用しなくなっている。

本稿執筆時点では、松本は表舞台から完全に姿を消している。裁判の結果次第では復帰の可能性もあるのではないかと言われているが、仮に騒動が落ち着いたとしても、松本が完全に元通りの形で仕事を続けることは難しいだろう。

この騒動が起こる前から、松本はテレビでも不倫を肯定するような発言をしていたり、女性蔑視的な言動を繰り返したりしてきた。しかし、絶対的な権威となっていた彼には誰も口を挟むことができなかっただろう。

人々の価値観や考え方が大きく変化している中で、そこから取り残された1人の芸人がつまずくことになった。これはそういう種類の事件なのだ。

これからお笑いやテレビのあり方はどう変わっていくのか。そして、私たちはそれをどう受け止めればいいのか。

本書では、松本人志性加害疑惑を切り口にして、それらの問題について掘り下げていく。「ポスト松本時代」のお笑い界とテレビ界の未来について考えていくことにしよう。

目次

第2章

松本人志とダウンタウンが絶大な力を持てた理由

第3章

「痛みを伴う笑い」は悪なのか？　コンプライアンスを再考する

第4章
衰退の一途をたどるテレビに未来はあるか？

松本人志の「お笑いがしたいです」発言への違和感
テレビは不便だから見られない
テレビは若者向けにシフトした
ＴＶｅｒがテレビを変えるのか
バラエティと配信の相性の悪さ
テレビ局を飛び出すテレビマンの増加
演者とテレビマンを兼務する佐久間宣行の快進撃
佐久間はテレビ界の救世主となるか

第5章 お笑いはどこへ向かうのか

令和ロマンが「テレビ出ない」宣言をした理由
天下取りという概念の消滅

本文DTP／今井明子

松本人志とお笑いとテレビ

第1章

「松本人志性加害疑惑」を読み解く

性加害疑惑の経緯

日本中に衝撃を与えた松本人志の性加害疑惑は、『週刊文春』に掲載された1本の記事から始まった。その後、同誌では7週にわたって松本に関する疑惑が報じられた。

これを受けて松本は、発行元の株式会社文藝春秋などに対して名誉毀損による損害賠償などを求め、東京地裁に提訴した。

この一連の騒動について、時系列で簡単に振り返ってみることにする。

まず、『週刊文春』2024年1月4日・11日号に「呼び出された複数の女性が告発松本人志と恐怖の一夜「俺の子ども産めや!」」と題する記事が掲載された。

記事の内容は、2015年に2人の女性がそれぞれ別の機会に同じような手口で知人の芸人からホテルの一室に呼び出され、そこで合コンのような飲み会の後、松本と2人きりの状況に追い込まれ、性的行為を強要されたというもの。

記事は2人の女性の証言を軸にして構成されていた。直撃取材を受けた松本は、その事実を否定して証拠を見せろと取材班に詰め寄った。また、2人の女性をそこに招いた当事者と報じられたスピードワゴンの小沢一敬も直撃取材を受けて、疑惑を否定するコメントを残していた。

『週刊文春』発売日の12月27日に、松本の所属事務所である吉本興業は以下のような文書を発表した。

「しかしながら、当該事実は一切なく、本件記事は本件タレントの社会的評価を著しく低下させ、その名誉を毀損するものです。当社としては、本件記事について、新幹線内で執拗に質問・撮影を継続するといった取材態様を含め厳重に抗議し、今後、法的措置を検討していく予定です」

年が明けて2024年1月5日、『週刊女性PRIME』で「松本人志の性加害疑惑を告発した女性「本当に素敵で…」「最後までとても優しくて」会合終わりにスピードワゴン小沢に送っていた〝お礼メッセージ〟」という記事が掲載された。

この記事では、告発者の女性と小沢の間で交わされたＬＩＮＥのメッセージの画像が紹介されていた。そこでは、女性が小沢に対して感謝を述べていた。メッセージの日時や内容などから、それが性加害があったとされる会合の直後に交わされたものであると推測される。

松本は自身のXのアカウントでこのＬＩＮＥ画像をアップした上で「とうとう出たね。。。」と書き込んだ（２０２４年1月5日）。

女性側が感謝の言葉を送っているのだから性加害などなかった、ということを言いたいのだろう。

だが、多くの専門家が指摘する通り、性加害事件において被害者が加害者に迎合するような言動をとるのは珍しいことではない。このメッセージが性加害がなかったことの証拠になるとは限らない。

『週刊文春』２０２４年1月18日号に掲載された記事では、お礼メッセージを送った女性自身が反論をしている。

記事によると、彼女はそのメッセージを送ったときにはパニック状態にあり、松本に性的行為を迫られて拒否した自分に非があるように感じていた。そのため「どうか穏便に見逃してほしい」という気持ちで、反射的にお礼の文言を書いてしまったのだという。

このような事態に巻き込まれた女性が、相手方に迎合するようなメールを送ることは、性被害者特有の自己防衛行動である。加害者側がこのようなメールを合意があったという意味合いで拡散することはセカンドレイプである。NPO法人レイプクライシスセンター代表で弁護士の望月晶子氏も、同記事内でそのことを指摘していた。

松本は性加害の疑惑をかけられている張本人であるにもかかわらず、そのような行為に及んでしまった。そのことが多くの人からの批判を招いた。

そして1月8日、吉本興業は松本人志の活動休止を発表した。裁判に注力するために本人から申し入れがあったためだという。

1月9日には、小沢の所属事務所であるホリプロコムが「小沢の行動には何ら恥じる点がない」として、これまで通りの活動を続けていくという趣旨の文書を発表した。

しかし、その直後の1月13日には「小沢本人より、一連の報道において現在も関係者及びファンの皆様に混乱やご迷惑をお掛けしていることに強く責任を感じ、芸能活動を自粛したい旨の申し出」があったため、当面の間、芸能活動を自粛することを発表した。松本の活動休止が発表された1月8日には、本人がXで「事実無根なので闘いまーす。それも含めワイドナショー出まーす。」と書いていた。

だが、それがさらなる混乱を招いた。『週刊文春』の報道によると、松本はフジテレビに事前に相談せず、出演することを告知していたのだという。

公共の電波で性加害疑惑をかけられている当事者の一方的な主張を流せるはずはない。1月10日、フジテレビは松本が14日放送の『ワイドナショー』（フジテレビ系）には出演しないことを発表した。

1月22日、松本が株式会社文藝春秋ほか1名に対して名誉毀損に基づく損害賠償請求及び訂正記事による名誉回復請求を求める訴訟を提起したことが発表された。この提訴は吉本興業ではなく松本個人によるものだった。

ここへ来て吉本興業の対応も変わった。当初は「当該事実は一切ない」と主張していたのだが、1月24日には改めて今回の報道に対する事務所としての見解を発表した。「当社所属タレントらがかかわったとされる会合に参加された複数の女性が精神的苦痛を被っていたとされる旨の記事に接し、当社としては、真摯に対応すべき問題であると認識しております」

「コンプライアンスアドバイザーの指導等を受けながら事実確認を進め、その中でコンプライアンスの指導・教育を行っていくとともに、ガバナンス委員会からのご意見等を踏まえ、個人の尊厳・人権の尊重という基本的な理念について改めて教育の場を設け、ハラスメント等に対する意識を高める研修を実施してまいりたいと考えております」

さらに、外部弁護士を交えて関係者に聞き取り調査を行い、事実確認を進めていると述べた。吉本興業は、『週刊文春』による報道内容は、事実であれば「芸人の女遊び」で済まされるものではなく、重大な人権問題になりうると位置づけて、企業として真摯に対応をしていくことを表明した。

ここまでの段階で『週刊文春』では、毎週毎週、被害者の証言を交えて松本の過去の問題行動が報じられていた。

それらの記事によると、彼は福岡や大阪など全国各地で後輩芸人を使って女性を集めさせて、ホテルの一室で性行為を目的とした会合を開いていたという。

その中には、性行為を強要された者もいれば、それを断ったことで罵倒されたり、侮辱的な扱いを受けた者もいたと報じられている。一連の記事の中で被害を名乗り出た女性の数は10名以上に及ぶ。その中には実名で告発を行う者もいた。

『週刊文春』２０２４年2月22日号では、それまで報じてきた被害女性の証言から、松本の「飲み会」に関する４つの共通点を挙げている。

まず、直前まで飲み会の場所がホテルの部屋であることを女性に告げないこと。次に、松本が参加すると知らせないこと。そして飲み会の最中は携帯電話を没収、または利用の禁止。４つ目は、飲み会の終盤、何らかの「ゲーム」を行い、１人の女性を寝室に残し、他の参加者は退散する――。（『週刊文春』２０２４年2月22日号）

記事によれば、松本と後輩芸人の間では、女性を警戒させず、証拠を残さず、松本が安心して事に及ぶための「ＳＥＸ上納システム」が構築されていたという。それが一連の記事の中で『週刊文春』が主張するところだ。

裁判で事実は明らかにならない？

ここまでの流れを振り返ってみて、改めて浮き彫りになるのが、松本と吉本興業の対応のまずさである。

松本は、被害女性のお礼ＬＩＮＥを意気揚々と紹介して、大きな批判を受けた。さらに、Ｘで不適切な書き込みを繰り返した。

『ワイドナショー』に出ると勝手に宣言した後、フジテレビからそれを否定された。「事実無根なので闘いまーす」と書いたが、どこがどう事実と異なるのか、という具体的な説明は一切なかった。

３月25日には、Ｘで「たくさんの人が自分の事で笑えなくなり、何ひとつ罪の無い後輩達が巻き込まれ、自分の主張はかき消され受け入れられない不条理に、ただただ困惑し、悔しく悲しいです」と書いた。

しかし、ここで言う「自分の主張」が何を指すのかは今ひとつはっきりしない。松本はマスコミの取材に応じていないし、記者会見も開いていない。「事実無根」という言葉以外、彼がこの事件に関して何をどう主張したというのか。

前述の通り、吉本興業の対応も後手に回っていた。当該事実は一切ないと突っぱねておきながら、その後は認識を改めて、事実確認とコンプライアンスの指導・教育を進めていくことを表明した。

吉本興業は、精神的苦痛を訴える女性が多数名乗り出ていること自体を重く見ている。事務所と松本の足並みが揃っていないようにも感じられる。

個人的には、一連の疑惑の中でも『週刊文春』2024年2月8日号の記事で書かれていた、マッサージ店で女性店員に性的行為を強要したという件が、事実であれば特に深刻であるように思う。

記事によると、2014年に松本は性的サービスのないマッサージ店で、新人の女性店員に性的行為を求めた。それを拒否されると激怒した。その後、松本は普段使っているのとは別の電話番号で予約を入れて、再び店を訪れた。そして、別の女性店員と無理やり性的行為に及んだという。

被害女性は精神的なバランスを崩し、心療内科で不安障害と診断された。その後、警視庁渋谷署を訪れて、この件について被害相談をした。女性が心療内科と警察署を訪れて相談をしていたことは取材によって裏付けられている。

この件は、もし事実ならば強制わいせつとして罪に問われる事件である。ホテルの密室で行われたこととは違って、関係者の証言もあるし、被害女性が心療内科や警察署に足を運んだという事実も記事にはある。

この件に関しても松本は一切の発言をしていない。そして、この件に関しては、テレビで流すにはあまりにも醜悪な事件だからなのか、テレビでもほとんど扱われていない印象がある。（本書でも性的行為に関する具体的な表現はあえて省いている）

この事件について報じられた該当記事を読めば、多くの人は松本にネガティブな印象を持つのではないだろうか。

というのも、今回の騒動についてネット上などで松本を擁護するような意見を述べる人の多くは、そもそも元の記事をきちんと読んでいないのではないかと思うからだ。

『週刊文春』で7週にわたって報じられた松本関連の記事は、雑誌を購入するか、ウェブメディアの『文春オンライン』で課金をすることでしか、読むことはできない。ネット上で出回っているのは『文春オンライン』に無料記事として掲載されているダイジェスト版であり、記事そのものではない。

メディアに課金してまで活字を読む人の数は限られているだろう。ウェブ上で騒いでいる人の多くは、肝心の記事を読まずに個人的な感想を述べているだけではないかと思われる。

元の記事を一通り読んだ印象としては、そこに書かれていることがどこまで真実であるのかはわからないが、ある程度まではしっかり裏付けを取った上で執筆されているのだろう、ということは感じられた。

複数の疑惑が報じられている以上、問題は0か100かという話ではない。ネット上では「松本が全面的に正しい。週刊誌は一切信頼できない」「松本が全面的に悪い。疑惑はすべて真実に違いない」といった極端な意見ばかりが目立つが、大抵の場合、事実はその中間にあるのではないか。

週刊誌が意図的に不利な事実を報じなかったり、意図せずに誤った情報を載せてしまう可能性はゼロではないだろう。一方で、そこに書かれた一切の事実が存在しない、というようなことも考えにくい。

松本が後輩芸人に女性を集めさせて、ホテルの一室で飲み会を開いていた、ということ自体は事実である可能性がきわめて高い。松本が自ら被害女性のお礼メッセージの画像を紹介しているところから考えても、彼自身も飲み会があったこと自体は認めているものと思われるからだ。

仮に、そこで行われた過去のすべての性的行為に関して事前に合意が取れていたとしても、不貞行為であるのは間違いないし、胸を張れるようなことでもない。

当事者同士の合意がある状態で不貞行為に及んだベッキーや渡部建があれほどバッシングされ、社会的制裁を受けたことを考えれば、松本がそこについて何も責められないというのは筋が通らないのではないか。

その上で、合意なく強制的に事に及んでいたというのが被害女性の主張であり、松本はそれが事実に反するとして訴えを起こした。

世間では、この裁判で何らかの事実が明らかになるのではないかと期待している人がいる。松本擁護派の人は、この裁判で松本が勝てば彼の潔白が証明されると信じているようだ。

だが、それは間違いである。この裁判で争点となっているのは、『週刊文春』の記事内容が名誉毀損にあたるかどうかだ。

そこでは、『週刊文春』側がしっかり取材をして、十分な根拠に基づいて記事を書いていたかが問題となる。いわゆる「真実相当性」があるかどうかが問われる。真実と信じるだけの理由があったかどうかが問題となっているのであり、真実かどうかを裁判で決められるわけではない。

仮に松本が勝訴したとしても記事が完全な間違いであることにはならないだろうし、敗訴したとしても記事が正しいことにはならない。そもそもこの裁判では、記事が松本の名誉を毀損しているかどうかが問題になっているだけである。

さらに言えば、たとえ裁判で問題になっている当該記事が間違いであることが認められたとしても、松本の記事はほかにもある。ほかの記事の中身が正しいかどうかは別問題であり、それは個別に考えなければいけない。

要するに、この裁判では記事内容が客観的に事実であるかどうかが決まるわけではないから、それを期待するのはお門違いであるということだ。そういう空気があることは松本や彼を支持する人々にとっては望ましいことなのかもしれないが、この裁判の持つ意味を履き違えない方が良いだろう。

これまでにもあった女性蔑視発言の数々

性加害疑惑の報道があったときに意外だったのは「松本さんがそんなことをするはずがない」といった形で、彼を全面的に擁護する人の数が思ったよりも多かったことだ。なぜなら、テレビなどで長年にわたって彼の活動を見届けてきた私のような人間からすると、彼が女遊びをしていたり、その過程で無自覚のうちに女性蔑視的な言動をしていたりするのは、全く意外なことではないからだ。

松本はテレビでもたびたび女性蔑視的な発言をしている。２０１９年１月13日放送の『ワイドナショー』で、女性アイドルが男性から暴行を受けた事件が取り上げられた際、松本がコメンテーターの1人である指原莉乃に対して「それはお得意の体を使って、何とかするとか」と発言した。女性アイドルの暴行事件について真剣な話をする指原に対して、露骨なセクハラ発言をしたことで批判の嵐が巻き起こった。

同番組で財務省の福田淳一事務次官（当時）のセクハラ問題を扱った際にも「ハニートラップ」説を唱えて、被害を受けた女性記者の側に責任があるかのような主張をしていた。松本のこの手の発言は枚挙にいとまがない。

さらに、一昔前までは、彼自身が後輩芸人と連れ立って女性をひっかけている話をたびたびしていた。

もちろん、テレビやラジオで語られている話なので、面白おかしく誇張している部分もあるだろうし、すべてを文字通りに受け止められるわけではない。

ただ、少なくとも、彼が性欲が強いキャラクターを自認していて、欲望を満たすために後輩芸人の助けも借りていた時期があった、ということは彼のファンであれば誰でも知っている話だ。そこまでは松本自身も否定はしないだろう。

そして、一般論として言えば、男女間の性的合意というのは微妙な問題である。その場の雰囲気に流されて抵抗こそしなかったが、実は心の底では女性側は傷ついて嫌な思いをしていた、などということはいくらでも考えられる。

それを前提とすると、松本がこれまでの女性経験の中で一度たりとも女性に不快感を抱かせるようなことをしておらず、彼は完全に清廉潔白な人間である、と信じることには相当無理があると言わざるを得ない。

各所で語られていた「松本軍団」の悪評

2015年2月に福岡で行われた公開収録イベント『人志松本のすべらない話プレミアムライブ』では、博多華丸・大吉の博多大吉が、その十数年前に松本が初めて福岡に来たときの話をしていた。以下にその内容をまとめる。

当時、大吉は福岡吉本に所属していて、東京や大阪から福岡に来る芸人たちの接待を一手に引き受けていた。先輩芸人のために飲食店を手配したり女性を集めたりしていたのだという。そんな彼のもとに、松本、今田耕司をはじめとする「松本軍団」が初めて福岡に来るというニュースが飛び込んできた。大吉はさっそく女性を集めようと動いた。

しかし、当時の松本軍団は悪い遊び方をしているという悪評が広まっていた。「何をされるかわからない」「笑いよりものちに与えられる暴力の方が上回る」と言われていたのだという。その噂を聞いていた女性たちは、飲み会への参加を拒絶した。そのため、直前になるまで女性がほとんど集まらなかった。

大吉が必死に説得をしたことで、何とかギリギリのところで大勢の女性を集めることに成功したものの、飲食代が高くついて支払いのときに松本の顔色が変わっていた、というのが話のオチだった。

当時はこれが笑い話になっていたわけだが、性加害疑惑が報じられた後で振り返ると引っかかるところがある。

まず、その時点で松本が後輩芸人と連れ立って悪い遊び方をしているのは公然の事実だったということだ。

そして、そこには「暴力」もあったとされている。大吉がどういう意味で「暴力」という言葉を使ったのかは定かではないが、その表現にふさわしいような悪評があったのだろう。

また、２０２２年２月27日にＹｏｕＴｕｂｅチャンネル「千原ジュニアＹｏｕＴｕｂｅ」で公開された動画の中で、勝俣州和が千原ジュニアに語っていた話も興味深い。

勝俣が萩本欽一のもとで活動していた90年代初頭、吉本芸人の東京進出が少しずつ進んでいた。そのとき、彼は吉本芸人に警戒心を抱き、来てほしくないと願っていたのだという。

「吉本、東京に来ないでください、ってすごい思ってたの。食い散らかすから。こんな品のない。東京の人間がちゃんと作ったきれいな笑いを、ブラックバスみたいなやつが食って捨てて、食って捨ててってていう。芸も汚いし」

「俺、今でも言うもん、（宮川）大輔とかに。帰れよ、お前らみたいなのが来たから東京が変になったんだろ。ファンに手を出すのなんかご法度だろ、って」

この勝俣の発言を受けて、ジュニアは笑いながら「ほんまですね。吉本がここまで台頭してなかったら、渡部くん、ちゃんとしてたかも」と答えた。

もちろんこれも笑い話として語られていることなのだが、当時の大阪の吉本芸人の間には、それまでの東京の芸人とは違う「品のない」女遊びの伝統があり、勝俣はそれを東京に持ち込まれることを嫌っていたというのがうかがえる。

この動画は、公開された当時にはそこまで話題になっていなかったものの、性加害疑惑が出た後で見直してみると、重要なことが語られていたことがわかる。

「芸人なら多少の女遊びをするのは当たり前」といった主張で松本を擁護しようとする人もいるが、大吉や勝俣の証言からもうかがえる通り、松本やその取り巻きの吉本芸人は、単なる女遊びの範疇を超えた行為を行っていた疑いがある。なにしろ、表沙汰にできる範囲で、笑い話として語れる範囲で大吉や勝俣がほのめかしたのがこの程度の話なのだから。

そして、彼らの語り口からは、それが芸人の間では半ば公然の事実であり、誰でも知っているようなことだったのだろう、というのも見えてくる。

テレビ局が性加害疑惑を黙殺できなかった理由

松本の性加害疑惑は連日テレビでも報道されていた。著名な芸能人の事件であるとはいえ、本人が性加害の事実を否定している状況で、ここまで積極的な報道が行われたことは意外な感じがした。

テレビ局と芸能事務所は持ちつ持たれつの関係にあり、問題が起こったときにはかばい合うように動くことも多い。特に、松本の所属する吉本興業はテレビ番組の制作にも携わっているし、民放各局がその株主にも名を連ねていて、深い関係にある。

しかし、今回の件に関しては、事実が不確定の段階でも無視を決め込むことができなかった。そこには、少し前に起きたジャニーズ騒動が関係しているだろう。

ジャニーズ事務所の創業者であり、長年にわたって社長を務めてきたジャニー喜多川氏は、所属タレントに対して常習的に性加害を行ってきた。それは業界内では周知の事実だったし、裁判所によって性加害が事実であると認定されていた。

だが、テレビ局を含む大手マスコミは、この件を一切報じなかった。ジャニーズ事務所は人気タレントを数多く抱えていて、圧倒的な影響力を持っていた。マスコミはその恩恵にあずかるために、性加害の事実を黙殺し続けた。

だが、イギリスのBBCのドキュメンタリー番組でこの事実が大々的に報じられ、被害者が記者会見を行ったことをきっかけに、日本のマスコミもこれを無視できなくなり、ようやくテレビでも報じられるようになった。ジャニーズ事務所も記者会見で性加害の事実を認めて謝罪した。

このジャニーズ騒動でマスコミは世間の人々から激しい非難を浴びた。目先の利益のために大手芸能事務所の不祥事を長年にわたって見過ごしてきたというのは、報道機関としてあるまじき行為であるからだ。

この騒動の直後に起こったのが松本の性加害疑惑である。当然、テレビ局としては無視をするわけにはいかない。今度は最初から事件のことが詳しく報じられた。

だが、正直なところ、報道の中身に関しては到底十分なものとは言えない。ほとんどの番組では『週刊文春』で報じられた内容をそのまま紹介しているだけであり、テレビ局がその内容に関して追加の取材をしたりした形跡はほとんどなかった。

調べようと思えば、テレビ局側が調べられることはいくらでもあるはずなのに、そのような動きは見られなかった。何も報じていないと批判されることを避けるために、最低限の情報だけを伝えてお茶を濁しているようにしか見えなかった。

また、この問題に関しては多くの芸人やタレントがコメントをしていたが、そのほとんどが中身のないものだった。

彼らの中には、松本と付き合いの深い人や、松本に世話になっている人がたくさんいる。そういう人たちが、仮に松本に関する不都合な事実を知っていたとしても、それをテレビカメラの前で言えるわけがない。彼らは終始どっちつかずの中身のない話を繰り返していた。それは現在に至るまで続いている。

また、「裁判で事実を明らかにしてほしいですね」「裁判の結果を待ちたいですね」という趣旨のコメントも何度も繰り返された。前述の通り、今回の裁判で事実が明らかになるわけではないので、これらの認識には問題がある。

このように、松本の友人知人や仕事関係者である芸人やタレントにテレビでコメントを求めるのは本当に意味がないし、報道機関としてやるべきではないと考えている。

性加害は重大な人権問題であり、犯罪である可能性も高い。その疑いがかけられている人がいるときに、「あの人はそんなことをする人ではない」といった個人的な印象論が繰り返し報じられることに何の意味があるだろう。

彼と近い関係にある芸人たちが本当に語るべきなのは、過去の「品のない女遊び」が実際にあったのかどうかだ。そして、仮にそういうことがあったのならば、それに対する反省の気持ちを自分の言葉で語ってほしい。それについては言えないというのなら、そういう人たちには何も語らせるべきではない。

この問題に関しては、テレビ局もタレントたちも一様に「とにかく嵐が過ぎ去るのを待とう」という日和見的な態度に終始しているように見えた。

結局のところ、テレビ界も芸能界も、ジャニーズ騒動を経てからも根本的なところでは何も変わらなかったのだ。

松本が抜けた穴もすぐに埋まった

松本が活動休止したことで、彼がレギュラー出演している番組のスタッフは対応に追われた。代役を立てて放送される番組もあれば、代役なしで続けられる番組もあった。

その動きはスムーズに進められ、松本の抜けた穴はあっという間に埋まっていった。

松本と中居正広がMCを務めていた『まつもtoなかい』（フジテレビ系）は、『だれかtoなかい』に改題され、二宮和也が松本の代役を務めた。その後、二宮に代わってムロツヨシがMCに就任した。

『人志松本の酒のツマミになる話』（フジテレビ系）は『酒のツマミになる話』に改題され、千鳥の大悟が松本の代役になった。

2月3日放送の『IPPONグランプリ』（フジテレビ系）では、松本の代わりにバカリズムがチェアマンを務めた。

それ以外の松本のレギュラー番組は、今のところ特定の代役を立てずに松本が抜けたままの形で続いている。

「松本なしのテレビは物足りない」といった松本待望論を唱える人もいるが、世の中の多くの人は彼が抜けたことを冷静に受け止めていて、特に気にしてもいない感じがする。

唯一、『M－1グランプリ』の審査員の仕事だけは松本にやってほしい、といった主張をする人もいる。その気持ちはわからなくもないが、個人的には松本が必要不可欠というわけではないと思う。

なぜなら、過去にも『M−1』で松本が審査員席にいない年はあったし、そのときの大会も例年通り盛り上がっていたからだ。

また、松本がすでに審査員としての歴史的な役割を終えているのではないか、という話もある。

『週刊現代』2024年1月27日号の記事によると、騒動前からすでに『M−1』制作陣の中では「さよなら松本シフト」が敷かれていた。

松本がいつ審査員を辞めると言い出すかわからないので、彼がいなくなっても大会が続けられるように、彼の代わりになる人材をすでに探していた。また、それに先駆けて2023年の大会では、松本と親しい放送作家で固めていた予選審査員の顔ぶれを一新させていたのだという。

この記事内容がどこまで正しいのかはわからないが、予選審査員の顔ぶれが変わったこと自体は事実として確認している。『M−1』のスタッフの中では、松本が抜けても続けられる準備はすでにできていたのかもしれない。

騒動が起こってからしばらく経つと、松本に関する報道もほとんどなくなり、バラエティ番組の中でそれが話題にのぼる回数も減っていった。いつの間にか松本のいない世界が当たり前になっていた。

状況としては、島田紳助の引退騒動のときと似ている。当時の島田紳助はテレビ界随一の売れっ子芸人であり、民放各局のゴールデン・プライムタイムに数多くの人気レギュラー番組を抱えていた。

だが、彼が突然引退してしまったことで、それらの番組はすぐに対応を始めた。代役が立てられる番組もあったし、そのまま終わってしまう番組もあった。紳助が抜けた穴はすぐに埋まり、テレビ界は彼がいないままで回り始めた。

テレビ業界では本当の意味で代わりのきかない人材など存在しない。松本や紳助ほどの大物であっても、いなくなれば誰かがそこを埋めるだけだ。もちろん物足りないと感じる人もいるかもしれないが、ほとんどの人はそこにいない人のことなんてあっという間に忘れていく。

もちろん現時点では、松本がこのままテレビの世界に二度と戻ってこないのかどうかは不明である。今後、復帰する可能性もゼロではない。

ただ、少なくとも今の段階では、テレビ界は松本なしでそのまま回っているし、世の中で松本待望論が盛り上がっているということもない。

そっくりそのまま松本の代理ができる人が存在するわけではないが、今のお笑い界では優秀な人材はいくらでもいる。彼らが総出で松本の抜けた穴をカバーすることで、松本のレギュラー番組はあっという間に通常のサイクルに戻っていった。

松本がこのままテレビの世界に戻ってくることがなかったとしても、大きな混乱が起きるようなことはないだろう。

松本ファンとしての個人的な見解

本章のまとめとして、この騒動に関する個人的な見解を述べておきたい。

まず、私自身は長年のダウンタウンファンであり、松本ファンである。芸人としての松本のことは高く評価しているし、心から面白いと思っている。いまだに「好きな芸人は?」と聞かれたら「ダウンタウン」と即答する。

松本は今でも若い頃と変わらない抜群のセンスを持っていて、『水曜日のダウンタウン』や『ダウンダウンDX』では、誰も思いつかないような鋭いコメントを発していた。世間では加齢による松本の実力の衰えを指摘する声もあるが、個人的には彼の笑いの根源である発想力はいまだに衰えていないと感じている。

そんな松本の姿が今後テレビで二度と見られない可能性があるのは、1人のファンとしては残念だ。

ただ、私は芸人・松本人志のファンではあるが、人間・松本人志のファンではない。今回の騒動では、芸人としての松本が人間としての松本に足を引っ張られているように感じる。そんな状況で、松本自身が招いたトラブルに関して擁護をする気にはならない。

もちろん、彼の作る笑いは好きだし、テレビに復帰するようなことがあれば、また彼の発言で笑うこともあるかもしれない。

だが、絶対に戻ってきてほしいかというと、そうは思わない。

これまでの松本の数々の「品のない女遊び」の噂や女性蔑視発言。そして、今回の

『週刊文春』で報じられた一連の疑惑の内容。それらをすべて踏まえた上で「この人が今後も変わらず活動を続けていくことが正しいことだと思いますか?」と問われたら、到底「イエス」とは言えない、というのが正直なところだ。

タレントでも一般人でも、松本を擁護する人たちは、松本のことが好きだから戻ってきてほしい、などと主張することが多い。

だが、私は全く逆の意見を持っている。芸人・松本が好きだからこそ、その活動の邪魔をしている人間・松本にはきちんと責任を取ってもらいたい。

松本が好きだからこそ、人間・松本の良くない部分はここではっきりさせておきたい。今回の件が曖昧なままで終わって、人間・松本に今後も振り回される芸人・松本の無様な姿を見たくはない。

それが、生粋の松本ファンである私の率直な意見だ。

第2章

松本人志とダウンタウンが絶大な力を持てた理由

なぜダウンタウンだけが勝ち続けられたのか

ダウンタウンは90年代半ばに大ブレークを果たして以来、約30年にわたってお笑い界の頂点に君臨してきた。その在位期間は、萩本欽一、ビートたけしといった過去の天下人と比べても圧倒的に長い。

もちろん、ダウンタウンもずっと順風満帆だったわけではなく、ある程度の浮き沈みはあった。それでも、ほかの芸人に比べると目に見えて勢いが衰えたことはほとんどなく、少なくとも松本が活動休止に入る前までは安定した地位にあったと言える。

松本人志は絶対的な笑いの権威であり、多くの後輩芸人にとって尊敬と憧れの対象であり続けた。そして、彼の笑いは一般大衆からも熱烈に支持されていた。

松本の性加害疑惑に関するニュースがテレビで取り上げられたとき、芸人のほとんどが奥歯に物が挟まったような口ぶりだったのが印象的だった。

特に、松本と近い関係にある人ほど、ぼんやりしたことを話すのみで、積極的には何も語ろうとはしなかった。まるで箝口令が敷かれているかのように、誰もが固く口を閉ざしていた。

たとえば、アンジャッシュの渡部建が不倫疑惑を報じられたときには、このようなムードはほとんどなく、多くのタレントが自由に発言をしていたし、渡部に対して厳しいコメントをする人もいた。

もちろん、松本の件と渡部の件では、事件の性質や規模も異なるし、本人が報道内容を認めているかどうかも違うので、単純な比較はできない。

ただ、そのような相違点を差し引いて考えても、松本の件に対する芸人たちの反応は異様である。

その背景にあるのは、お笑い界における松本の権力の大きさだ。その権力肥大化の原因を探っていくと、今回の騒動において芸人たちはなぜ自分の言葉で何も語れなかったのかが浮き彫りになるだろう。

本章では、その権力肥大化の理由を大きく2つの要因に分けて考えていく。

1つは、時代背景や事務所への貢献度などの外在的な要因である。もう1つは、そもそもダウンタウンはどういう笑いをやっていたのか、それがどういう意味を持っていたのか、といった内在的な要因である。

私の見立てでは、その2つの要因が揃っていたために、ダウンタウンはお笑い史の中でも異例の長期政権を樹立することになった。そして、誰も物申すことができない存在になってしまったのではないか。

それらを順番に見ていくことにしよう。

吉本興業の東京進出の最大の功労者

吉本興業は今では押しも押されもしないお笑い界のリーディングカンパニーである。だが、一昔前までは、芸能界の中で吉本興業の存在感や影響力はここまで大きいものではなかった。

創業110年を超える吉本興業の歴史は大阪の寄席経営から始まった。そこから徐々に事業を拡大していき、芸人のマネジメントも手がけるようになった。戦後しばらくの間は大阪を拠点にして事業を行っていた。

70年代には、笑福亭仁鶴、桂三枝、横山やすし・西川きよしなど、一部の芸人が全国的な人気を博していたし、1980年に漫才ブームが起こると、島田紳助・松本竜介、ザ・ぼんち、西川のりお・上方よしおなどの若手漫才師が続々と人気者になっていった。同時期に明石家さんまも華々しい活躍をしていた。

だが、この段階では、吉本興業は東京を中心にした芸能界の勢力図においてはマイナーな存在だった。「関西のお笑いは箱根の山を越えられない」というのが当時の定説だった。

しかし、明石家さんま、島田紳助、桂文珍などの全国区での活躍に加えて、1989年にダウンタウンが東京に進出して順調に仕事を増やしていったことで、吉本興業は東京に根を下ろすきっかけをつかんだ。ダウンタウンに憧れて芸人を目指す若者が出てきて、続々と吉本の門を叩いた。

1992年には東京支社が作られ、1994年には東京・銀座に「銀座7丁目劇場」が作られ、1995年には東京・渋谷に「渋谷公園通り劇場」がオープンした。同年には芸人養成所のNSC（吉本総合芸能学院）東京が開校した。ここから本格的に吉本が東京のお笑い界を席巻していくことになる。

東京の劇場からは極楽とんぼ、ココリコ、ロンドンブーツ1号2号といった芸人が輩出された。NSC東京からはロバート、インパルス、森三中などが出てきた。東京でも新しい芸人が続々と育ってきて、吉本興業の地位は盤石なものになった。

東京・大阪だけでなく、全国各地に劇場が作られ、新しい人材の発掘も積極的に行われた。従来から手がけていた番組制作の事業に加えて、映像ソフトなどのコンテンツ制作、音楽制作など、幅広い事業に乗り出すようになった。

吉本興業はそれまでの劇場運営、芸人マネジメントだけを中心とする大阪ローカル企業から、全国規模の近代的な総合エンタメ企業へと生まれ変わろうとしていた。今では、国や地方自治体からもさまざまな公共事業を受注するまでになっている。

そうやって吉本興業が会社として急成長を遂げていく中で、ダウンタウンはテレビを中心に活躍を続けて、事務所の看板であり続けた。彼らはキャリアの全期間にわたって吉本興業の繁栄に貢献してきた。

吉本興業が日本のお笑い芸能事務所の頂点に立ったことで、ダウンタウンも実質的にお笑い界の頂点に立つことになった。

養成所出身でスターになったことの意義

吉本興業にとって幸運だったのは、そんなダウンタウンがたまたま吉本総合芸能学院（NSC）の1期生だったことだ。

NSCは、1982年に大阪で作られた吉本興業の芸人養成所である。当時、芸人を志す者は師匠のもとに弟子入りして修業を積まなければいけなかった。

だが、NSCが開校したことで、養成所に入って芸人を目指すという新しい道がひらけた。これはお笑いの歴史の中でも画期的なことだった。そこに1期生として入ってきたのがダウンタウンの2人だったのだ。

彼ら1期生の芸人たちは、劇場でも伝統やしきたりを重んじる先輩芸人から白い目で見られていた。師匠もいないような若者が芸の道に入ってくること自体が場違いだと考えられていたからだ。

ダウンタウンはそんな1期生の中でも一番の問題児だった。漫才師は揃いのスーツを着て、大声で元気良く挨拶をして舞台に出ていく、というのが当時の常識だったのだが、彼らは普段着のような格好でだらけた態度で舞台に上がり、無愛想にぼそぼそとつぶやくように自分たちのペースで漫才を進めていった。

当然、先輩芸人に説教されたり、劇場の支配人に怒られたりしたのだが、彼らは自分たちのスタイルを変えなかった。

その後、ダウンタウンは若者を中心にファンをどんどん増やしていき、大阪ではアイドル的な人気を得るまでになった。そして、東京に進出してからは全国区で華々しい成功を収めた。

芸人を目指す人にとって、弟子入り修業というのはなかなかハードルが高いものだ。

だが、養成所に入るだけなら、専門学校に通うような感覚で気軽に足を踏み入れることができる。NSC出身のダウンタウンが文句なしの結果を出して、芸人志望者たちの憧れの存在になったからこそ、その後に続々とNSCの門を叩いて芸人の道に進む人が出てきた。その中から数多くのスターが輩出されていくことになった。

今では主要な芸人事務所のほとんどが養成所を運営していて、そこを出てプロになる人が大半を占めている。かつてのお笑いは、師弟関係を前提にして成り立つ一種の伝統芸能だったのだが、今ではそういう意味合いは薄れてきている。

NSC1期生のダウンタウンが、師匠に弟子入りしなくても一人前の芸人になれるのを身をもって証明したことで、お笑いのカジュアル化が進んで、芸人を目指す人の数が爆発的に増えた。それが現在まで続くお笑い全盛時代の礎になっている。

また、ダウンタウンの笑いはコンテンツビジネスとの相性も良かった。

『ダウンタウンのごっつええ感じ』『ダウンタウンのガキの使いやあらへんで！』『人志松本のすべらない話』など、ダウンタウン関連の番組のDVDなどの映像ソフトはいずれも大ヒットを記録して、吉本に莫大な利益をもたらした。彼らは有能な芸人であり、テレビタレントであるだけでなく、優秀なコンテンツメーカーでもあったのだ。

そんな彼らの特性は、劇場運営とタレントマネジメント以外の事業を積極的に展開しようとするこの時期の吉本興業の経営方針に合致していた。

ダウンタウンが全国的なスターになっていく過程で、彼らに携わっていた吉本社員も出世の階段を駆け上がっていった。

ダウンタウンの才能を最初に見抜き、彼らの育ての親と言われていた大﨑洋は、２００９年に社長、２０１９年に会長に就任した（２０２３年退社）。ダウンタウンのマネージャーだった藤原寛は現在は副社長であり、同じく元マネージャーの岡本昭彦は社長を務めている。今の吉本興業の幹部はダウンタウンに関係する人が多い。

90年代以降に吉本興業は急成長して、単なる芸能事務所の枠を超えた総合エンタメ企業となった。その大躍進の功労者であるダウンタウンは大きな力があったことだろう。

シュールな笑いで国民を魅了した

ここからは、ダウンタウンの権力が肥大化していった理由について、ダウンタウンの笑いの中身そのものから考えていくことにする。

ダウンタウン（松本人志）の笑いの特徴を一言でまとめるなら「発想力重視の笑い」ということになる。

彼らの笑いの中には、どうやって考えたのかわからないような斬新な発想がある。しかも、その発想のルーツや背景が見えなくて、得体が知れないところがあった。たとえば、ダウンタウンの初期の漫才で「太郎くんが花屋さんに花を買いに行きました。さて、どうでしょう？」という有名な一節がある。これはいわゆるシュールな笑いと言われるようなものだ。

このように文脈をずらしたり、突飛な発想を見せたりするシュールな笑いというもの自体は、ダウンタウン以前にもあった。でも、松本の笑いには既存のものに影響を受けている感じがほとんど見られず、オリジナリティがあった。

ダウンタウン以外にも数多くの芸人が活躍する中で、松本だけが「笑いのカリスマ」と呼ばれるようになったのは、極端に発想力に偏った笑いを実践してきたからではないか。

それはいわゆるベタ（オーソドックス）な笑いの対極にある。爆笑問題の太田光もダウンタウンの笑いについてこう述べていた。

爆笑問題と彼らは芸風が全く違います。俺らは簡潔に言ってベタ。シンプルに笑いが欲しいタイプ。松本さんが作ったものはシュールな笑いなんですよ。客に向かって「これが分かるか」というアプローチ。〈笑われる〉のが俺なら、〈笑わせる〉のがダウンタウン。（中略）

そんなダウンタウンの笑いが、まさかその後主流になっていくとは思っていなかった。

（『週刊文春WOMAN』2024春号／文藝春秋）

太田が言うように、ダウンタウンが数多くいる売れっ子芸人の中でも特殊なのは、受け手を選ぶマイナー志向の芸風のままでメジャーな存在になったことだ。シュールな笑いをやる芸人や演劇人はそれまでにも存在したが、ダウンタウンほど国民的な支持を得るまでには至らなかった。

たとえば、タモリも本来はマニアックな笑いの感覚を持った人間だが、毒のあるブラックな笑いの要素を抑えて『笑っていいとも！』（フジテレビ系）などに出演して、大衆的なスターになった。

メジャーになっていく過程である程度は丸くなっていくのが普通なのだが、ダウンタウンはシュールなネタやとがった芸風をそのまま見せて、その圧倒的な面白さで世間をねじ伏せていった。

その背景には、松本の笑いが決してシュール一辺倒ではなく、多くの人に伝わるような大衆性も含んでいるということがある。

ラサール石井は「ダウンタウンの笑いの特徴は、かなり先鋭的でシュールな部分から、突然庶民的な大阪の中学生の世界にワープするように直結する落差にある」と喝破した（ラサール石井、やく・みつる著『つけっぱなしTV《テレビ》』ぶんか社）。

ラサールが書いている通り、ダウンタウンの笑いには、突き抜けた発想力と同時に誰もが共感するような庶民感覚が備わっている。

たとえば、『ダウンタウンのごっつええ感じ』の「オカンとマー君」というコントでは、浜田が演じる反抗期の息子の「マー君」に対して、松本が演じる関西人の母親があれこれ世話を焼いたり、説教をしたりする様子が描かれている。

松本は自分の母親をモデルにしてこのキャラクターを演じていたのだが、その立ち振る舞いは多くの人にとって共感を誘う普遍性があるものだった。

ダウンタウンは「発想力重視のシュールな笑い」に大衆性を忍ばせることで、それまで誰も見たことがなかった新たな笑いの景色を見せてくれた。だからこそ、多くの人が衝撃を受けて彼らのパフォーマンスに熱狂した。

そうやってダウンタウンは「笑いのカリスマ」の地位を確立した。

時代に合わせてポジションを変える

ダウンタウンおよび松本人志がこれだけ長く第一線で活躍できた理由は、その実力だけではない。時代に合わせて自らのポジションを少しずつ変えていったのも功を奏していた。

彼らが東京に出てきて全国区に進出する足がかりとなった番組が『夢で逢えたら』（フジテレビ系）である。ウッチャンナンチャン、ダウンタウン、清水ミチコ、野沢直子の4組による伝説的なコント番組だ。

この番組が始まった時点では、ダウンタウンよりもウッチャンナンチャンの方が知名度があり、人気も高かった。ただ、この番組をきっかけにウッチャンナンチャンに肩を並べる存在としてダウンタウンの立場も引き上げられていった。

当時の東京のテレビ業界では関西弁に対する抵抗感も強く、関西芸人のアクの強い芸風が敬遠されがちだった。

そんな中で、ダウンタウンはイメージの良いウッチャンナンチャンの仲間として好意的に見られて、東京のテレビに自然に馴染んでいった。松本自身も、ウッチャンナンチャンがいなければダウンタウンが世に出るにはもっと時間がかかっただろう、と振り返っている。

その後、90年代に始まった『ガキの使いやあらへんで！』と『ダウンタウンのごっつええ感じ』が人気を博して、ダウンタウンは全国区にその名をとどろかせることになった。

この時期には、大阪時代から親交が深い今田耕司や東野幸治といった後輩芸人を東京に呼んで、共演者を「ダウンタウンファミリー」で固めていた。松本のシュールな笑いはときに難解だと言われることがあるが、その笑いの純度を薄めることなく世の中に伝わるようにするためには、気心の知れた後輩と仕事をするのが効果的だったのだろう。

その後、松本は90年代半ばには深夜番組の『一人ごっつ』『松ごっつ』に出演したり、1人で武道館ライブを行ったりして、実験的な方向の笑いを模索する時期もあった。『ＨＥＹ！ＨＥＹ！ＨＥＹ！ＭＵＳＩＣ ＣＨＡＭＰ』『ダウンタウンＤＸ』などで大衆的な支持を得る一方で、ストイックに芸に向き合う「笑いの求道者」のようなイメージも定着していった。

これが徐々に変化し始めたのが２０００年代に入ってからのことだ。２００５年に始まった『リンカーン』（ＴＢＳ系）でそれまで深いかかわりがなかったほかの事務所の芸人と共演すると、その後はどんどん一緒に番組をやるようになった。そのことで後輩芸人との距離が縮まり、バラエティ番組でやれる企画の幅が大きく広がっていった。

この頃までは基本的に松本自身がプレーヤーとして最前線で戦っていたのだが、徐々に一歩引いたプロデューサー的な立場の仕事も増えてきた。

『人志松本のすべらない話』（フジテレビ系）のMC役、『IPPONグランプリ』（フジテレビ系）のチェアマン、『M－1グランプリ』（ABCテレビ、テレビ朝日系）や『キングオブコント』（TBS系）の審査員などがその典型例だ。

『M－1』や『キングオブコント』では、芸人も視聴者も全員が松本の評価を気にしている。ほかの審査員の点数が良くても、松本に低い点数をつけられたら芸人の心にはわだかまりが残る。でも、高く評価してもらえれば、たとえ負けてしまったとしても面白さが認められて、その後の仕事につながったりする。そのぐらい松本の評価が絶対的なものになっている。

すでに現役のプレーヤーとしてはトップの地位にいた松本が、この時期にはさらにポジションが上がって、お笑い界全体のリーダー的な立ち位置になっていった。

芸人として最前線で戦い続けるのは精神的にも厳しいし、競争も激しい。そこから一歩引いて徐々に役割を変えていったことで、松本の天下は長続きすることになった。

お笑い文化を豊かなものにした

松本はさまざまな企画をプロデュースすることで、お笑い界全体を活性化させてきた。おそらく「人はどういうときに笑うのか」「こういうふうにすれば笑いやすくなるんじゃないか」などと、四六時中お笑いのことを深く考える中で、数々の名企画が生まれたのだろう。

松本は『笑点』(日本テレビ系)でやっているようなものとは一線を画すスタイルの「フリップ大喜利」を発明して、『IPPONグランプリ』のような大喜利番組を生み出した。

何でもない写真に言葉を付け加えることで面白くする「写真で一言」という大喜利のジャンルも、松本が考案したものだ。

また、『すべらない話』では、芸人の何気ないエピソードトークに「すべらない話」という名前をつけて、それを1つの番組にして大ヒットさせた。

「笑ってはいけない」という状況を設定することで笑いを増幅させるというアイデアが画期的だった『笑ってはいけない』シリーズ（日本テレビ系）は、15年間にわたって年末の風物詩的な特番として人気を博した。この「笑ってはいけない」シリーズの基本的なシステムは、芸人同士の笑わせ合いを見せる『ドキュメンタル』（Ａｍａｚｏｎプライム・ビデオ）にも採用されている。

松本が手がけた笑いの発明の数々は、プロの芸人にとってもお笑い好きの一般人にとってもこの上なく魅力的なものであり、自ら参加したくなるようなものだった。

笑いを取ろうとして失敗することを「スべる」と言ったり、その状態のことを「サブい（寒い）」と言ったりするのは、今では一般的になっているが、これらの言葉を世に広めたのは松本であるとされている。

それ以外にも「ブルーになる」「ドＭ」など、松本が広めた言葉はたくさんある。いずれも、一発ギャグや決めフレーズのように連呼していたわけでもないのに、いつの間にか一般的な語彙として定着した。

人々は無意識のうちに松本のボキャブラリーを日常に取り入れて、自然に会話をしている。彼の発する言葉にはそれだけの影響力があった。

特に「スベる」「サブい」などというのは、本来は芸人の間だけで使われるような業界用語である。それが一般的に用いられるようになったというのは、それだけお笑い文化が世間に浸透した証であるとも言える。

松本がお笑いの新しい見せ方や楽しみ方を広めたことで、お笑い文化そのものが豊かになり、そこにかかわる人の数も劇的に増えた。ダウンタウンは単なる人気芸人ではなく、お笑い文化の伝道師だった。宣教師が異国の地でキリスト教を広めるように、松本はお笑いそのものの布教に成功したのだ。

芸人全盛時代の礎を築いた

ここ数十年の間に、芸人が活躍するテレビ番組が激増した。芸人はお笑い系のバラエティ番組だけではなく、さまざまな場面で重宝されるようになった。ロケに出て何かをレポートしたり、リアクション芸を見せたりするのはもはや当たり前で、情報番組や報道番組にコメンテーターとして呼ばれたり、俳優としてドラマに出演したりすることも珍しくない。もはやテレビの全ジャンルを芸人が覆いつくしていると言っても過言ではない。

一昔前までのテレビでは、ここまで芸人の占有率は大きくなかった。バラエティ番組にも文化人や知識人と呼ばれるような人たちが出ていて、じっくりと含蓄のあることをしゃべったりもしていた。

しかし、今ではそういう人をテレビで見かける機会はめっきり減って、即興で面白いことを言える芸人ばかりが重宝されている。いわば、テレビ全体がお笑いに呑み込まれ、芸人のものになりつつある。そういう時代になったのは、もちろん一人一人の芸人の日々の努力の賜物だが、ダウンタウンの影響はその中でも格段に大きい。

ダウンタウンが一世を風靡した90年代中盤、松本の書いた『遺書』『松本』（朝日新聞社）という2冊の本が大ヒットを記録した。これらの本はただの芸能人が書いたエッセイという次元を超えた「笑いのバイブル」として、多くの芸人やお笑いファンに影響を与えた。

これらの本の中で、松本は自分が笑いの天才であるとしつこいくらいに自画自賛を繰り返し、笑いを取ることの難しさや素晴らしさを語った。

松本がそこであえて断定的で挑発的な書き方をしていたのは、芸人の地位を上げるためだった。当時は芸人が世間から軽く見られていて、正当に評価されていないという思いがあった。そこで、松本はあえて笑いというものはどれほどすごいのかというのを強調することで、芸人の評価を高めようとした。

実際に芸人の地位は上がった。かつては芸人は「イロモノ」として歌手や俳優に比べて下に見られがちだったが、今では「面白いことは格好良いことである」と思われるようになり、芸人のイメージは向上した。この変化は間違いなく松本の存在があったからだろう。

今テレビで活躍している芸人の大半は松本の影響下にある。松本の背中を見て育ってきているので、与えられたお題に対して即興で面白いことを返すコメント力がある人も多い。

もともと芸人はその場の空気を読む能力が高く、求められたことを的確にやることができる。芸人がしゃべってさえいれば、ひとまず場が成立するようなところがある。テレビのスタッフもますます芸人を頼りにするようになっているし、そのことで芸人の笑いの技術レベルもどんどん上がっている。

今のテレビの現場では、芸人以外のアイドルや俳優やアーティストにも芸人的なスキルや立ち振る舞いが求められるようになっている。テレビの現場がお笑いの論理で動くようになり、お笑いがわかっている人が売れる時代になった。

ダウンタウンの登場以降、お笑いは文化として多くの人に広まった。今のお笑い全盛時代、芸人全盛時代の礎を築いたのは間違いなくダウンタウンの２人である。

映画監督業への挑戦

前述の通り、芸人としての松本は、時代に合わせて自分のポジションを少しずつ変えていくことで異例の長期政権を樹立した。

そんな彼は、ある時期から「文化人」路線の仕事に乗り出した。具体的には、映画監督業とコメンテーター業を始めたのだ。

芸人やタレントがテレビで成功してある程度の地位を得ると、そこから文化人的な仕事に乗り出していくことがある。仕事の幅を広げたり、タレントとしての格を上げたりするために、本人や事務所の意向でそのようにすることもあれば、年齢を重ねることで年相応の社会性のある仕事が求められるようになる、ということもあるだろう。

文化人的な仕事には、大きく分けて2つの方向性がある。1つは、映画を撮ったり、小説を書いたり、音楽活動を始めたりするようなクリエイターの道。もう1つは、政治経済や時事問題について語ったり、政治家や評論家と対談したり、政治家になったりするような社会派の道である。どちらの分野でも多くの前例がある。

ご多分に漏れず、松本もその2つの道を突き進んでいくことになった。

彼は2007年公開の『大日本人』を皮切りに、4本の映画の監督を務めた。1作目は初監督作品ということで大々的に宣伝もされていたし、世間の期待も高かった。

興行収入の数字も悪くはなかった。しかし、実際に見た観客からの評判は今ひとつで、専門家の評価も低かった。

私自身も映画館に足を運んで見てみたが、お世辞にも映画としてのクオリティは高いものとは言えなかった。

わかりやすい面白さはなくても、「なんだかすごいものを見せられたな」と思わせてくれるような映画は世の中に存在する。だが、松本の映画はそういうものでもなく、単純な説明不足、構成のまずさ、リアリティラインの曖昧さ、映像としての安っぽさ、などの欠点ばかりが目について、作品世界に没入することができなかった。

あくまでも個人的な感想だが、ほかの映画監督なら直すような欠陥を放置してしまっているような印象を受けた。

その後、『しんぼる』『さや侍』『R100』と彼の監督作品が次々に公開されていったが、興行収入は右肩下がりになり、4作目の頃には世間でもほとんど話題にならなくなっていた。

松本自身も、映画作りに手応えを感じていなかったのだろう。2013年公開の『R100』を最後に、監督業からは離れてしまった。

2023年12月3日放送の『まつもtoなかい』(フジテレビ系)では、MCの松本がゲストのビートたけしに「映画ってめちゃくちゃ好きじゃないと撮れないですよね」と語っていた。松本は映画製作の過程で、自分がほかの監督よりも映画が好きではないことに気付いてしまったのだという。

映画監督として実績があり、芸人の大先輩でもあるたけしが相手だったからこそ、松本も正直に本音を吐露しているように見えた。

お笑いを愛していない者が優れた芸人になることはできないのと同様に、映画を愛していない者が優れた映画監督になることはできない。松本は監督業を経験することでそれを実感したのではないか。

『ワイドナショー』で見えた弱点

一方、2013年に始まった『ワイドナショー』(フジテレビ系)で、松本はコメンテーターとして時事問題について積極的に自分の意見を発信するようになった。

それまでの彼は良くも悪くもお笑い一筋の人間であり、社会的なことについて何らかの主張をすることはなかった。そんな松本がコメンテーターを務めるのは画期的なことだった。

実際、この番組は評判も良かったし、それなりに人気もあった。進行役の東野幸治のもとで、松本を含む個性豊かなコメンテーターたちが、時事問題や芸能ニュースについて気軽に意見を交わしていた。

どんな話題に関しても、松本はほかの人とは一味違う切り口を示して、話の最後にはオチをつけて笑いを起こした。題材が時事ネタになっても、彼のスタイルは今までと変わらなかった。

かつてダウンタウンがMCを務めていた音楽バラエティ『HEY！HEY！HEY！MUSIC CHAMP』（フジテレビ系）では、ダウンタウンの2人とミュージシャンとのトークコーナーが人気を博していた。

それまでの音楽番組では、出演するミュージシャンやアイドルが主役であると考えられていた。司会者はゲストである彼らをもてなして、進行役に徹していた。

しかし、ダウンタウンの2人は共演するミュージシャンを過度に持ち上げたりせずに、一タレントのように扱った。この番組で松本はミュージシャンたちの本業である音楽の専門的な話題にはほとんど踏み込まず、彼らの外見やキャラクターに注目して、そこから笑いを生み出していった。

いわば、ダウンタウンはミュージシャンをお笑い（バラエティ）のテリトリーに誘い込んでいったのだ。そこがこの番組の画期的なところだった。

これは、『タモリの音楽は世界だ』（テレビ東京系）で音楽そのものをバラエティの題材にしていたタモリの方法論とは対照的である。

松本は、音楽番組でも情報番組でも、あらゆる分野の対象を自分の土俵に持ち込んで、自分なりの切り口を見つけて、そこで見事なオチをつけて、笑いを生み出し続けた。それはほとんどの分野において有効な方法だった。

しかし、『ワイドナショー』で扱うような政治・経済・社会などの深刻な問題や、国際問題・宗教・ジェンダー論などのセンシティブなテーマに関しては、そのやり方は通用しないことがある。

コメンテーターはそれなりの知識や常識を持ち合わせていなければ、とんでもなく的外れなことを言ったり、悪気なく失言・暴言を放ってしまったりすることになる。松本はこの番組でたびたび舌禍騒動を起こしていた。

2018年2月18日放送回では、定住する場所がなくインターネットカフェに寝泊まりして日雇い労働などを行う「ネットカフェ難民」が取り上げられた際、「俺は若干イライラしてきてる」「（ネットカフェ難民には）ちゃんと働いてほしい」と語った。

ネットカフェ難民と呼ばれる人々は、さまざまな事情から定住する場所を失い、低賃金労働に甘んじていることが多い。彼らは働いていないわけではないし、勤労意欲が低いわけでもない。しかし、松本はそんな彼らの個々の事情に理解を示すことなく、「働いてほしい」というコメントを残した。

2019年6月2日放送回では、当時川崎市で起こった通り魔殺人事件の犯人について「僕は、人間が生まれてくる中でどうしても不良品っていうのは何万個に一個、これは絶対に僕はしょうがないと思うんですよね」と発言した。凶悪犯罪の容疑者に向けられている言葉だとはいえ、人間を「不良品」呼ばわりするのは、表現として不適切である。

また、2019年2月24日放送回では、国会議員が元交際相手の女性への準強制性交容疑で刑事告訴された事件が取り上げられた際に「クリスマスイブに彼女ですよね。お酒をたらふく飲んで、この女性はどういうつもりだったのか」と、被害女性にも責任があるかのようなコメントを残していた。性的合意の必要性に関する無知がにじみ出た言葉だった。

『ワイドナショー』で松本はこの手の失言・暴言をたびたび繰り返した。

松本は、あらゆる話題を笑いに変える能力を持っている。しかし、洒落にできないような深刻な社会問題や、専門的な知識が求められるテーマに関しては、その手法は通用しない。そこに彼の限界があった。

笑いを極めた先に

松本は、どんな話題に対しても独自の切り口で面白いコメントをして、笑いを生み出すことには長けている。

彼は「ｆｕｎｎｙ（笑える）」という意味での面白さのプロフェッショナルではあるのだが、「ｉｎｔｅｒｅｓｔｉｎｇ（興味深い）」という意味での面白さを提供する技量があるかどうかは別問題だ。それには専門的なテーマの本質を捉えて、議論を深めていくような力量が求められる。

松本がお笑いの分野で積み上げてきた自信が、ほかの分野では裏目に出ることもある。

今回の性加害疑惑に関しても、松本の対応には疑問が残る点が目立っていた。

「事実無根」と断言しておきながら、どこがどう事実無根なのか具体的な点には触れない。性被害を受けたとされる女性からのお礼メッセージをさらして「とうとう出たね。。。」と書き込み、それを合意があった証拠だとほのめかすような態度をとる。

報道が出た後で番組に出演することを宣言して、テレビ局から否定される。具体的な主張もしていないのに「自分の主張はかき消され受け入れられない」と訴える。

仮に『週刊文春』で報じられた内容のすべてが事実に反するものだったとしても、松本のこれらの対応には疑問が残る。

ＮＳＣの１期生だったダウンタウンは、古い伝統に縛られることなく、新しい笑いをのびのびと追求することができた。

しかし、その分だけ礼儀作法やしきたりを身につけるのが疎かになってしまい、先人の芸をじっくり学ぶことができないというデメリットもある。

今回の性加害疑惑に関して、ほとんどの芸人が口を閉ざす中で、例外的に松本に厳しい言葉を残していたのは、中田カウス、西川のりお、上沼恵美子といった面々である。いずれも、松本よりはるかに芸歴の長い重鎮であり、松本の力が及ばないところで自らの地位を確立している者ばかりだ。

養成所育ちの松本は、常日頃から耳が痛いような忠告をしてくれるような師匠や先輩を持てなかったのではないか。性加害疑惑がここまでこじれている原因の1つは、その点にあるような気がする。

お笑いの世界では、有り余る才能で名実ともに頂点に君臨し続けていた覇王・松本人志。そんな彼も、お笑いのロジックが通用しない分野では「裸の王様」になってしまう、ということなのかもしれない。

第3章

「痛みを伴う笑い」は悪なのか？
コンプライアンスを再考する

芸人に良識が求められる時代

ここ数年、お笑いの世界でもコンプライアンス（法令遵守）が求められるようになってきた。

肉体的・精神的に苦痛を伴うような笑いの手法に対して批判が高まるようになった。立場が上の者が下の者に対して高圧的に振る舞うようなパワハラ的な笑いも嫌われることが多くなってきた。また、女性の容姿イジリが問題視されたり、ＬＧＢＴＱなどのマイノリティ差別と見られるような笑いに関して、否定的に見る風潮がどんどん強まっている。

さらに、芸人のプライベートにも一般的な常識が求められるようになり、不倫などの問題を起こすと厳しく非難されるようになってきた。

そのような風潮が強まっている主な理由は、芸人の地位が上がったことと、社会そのものが変化したことである。

一昔前までは、芸人にはある程度の自由が認められていた。過激な表現もそれなりに許容されていたし、当時の人々もそれに腹を抱えて笑っていた。

芸人がプライベートで派手な女遊びをしたり、借金を作ったりしても、それほど批判されることはなかった。芸人が派手に女遊びをしていることをテレビであけすけに語っても、ほとんど問題視する人はいなかった。

かつて芸人は世捨て人のような扱いを受けていたので、一般人と同じレベルのモラルを求められることがなかった。それは、芸人が社会の中で低く見られていたことの裏返しでもある。

だが、時代が進むにつれて芸人の地位が上がったことで、今では一般的な常識が求められるようになった。

それに加えて、時代が進むにつれて社会の健全化が進んでいき、あらゆる分野でコンプライアンスが重視されるようになってきた。

そんな時代の変化を象徴していたのが、2011年の島田紳助引退騒動である。紳助は週刊誌で暴力団と交際している疑惑を報じられ、それがきっかけで芸能界を引退することになった。数多くの人気番組を抱えていた名司会者の突然の引退劇は、人々を驚かせた。

もともと芸能界や興行の世界と、いわゆる任侠の世界は切っても切れない関係にあった。そこがつながっているのは当たり前のことだった。

しかし、時代が進んで、1992年には「暴力団員による不当な行為の防止等に関する法律（暴力団対策法）」が施行され、暴力団の反社会的行為が規制されることになった。ここから暴力団は法的にも明白な「社会悪」として位置づけられた。紳助引退後の2011年10月には暴力団排除条例（暴排条例）が全都道府県で施行され、一般市民の暴力団への協力や商取引が事実上禁じられた。

その後、2019年には芸人の闇営業騒動が起こった。複数の芸人が事務所を通さずに反社会的勢力の会合に参加して金銭を受け取っていたことが報じられ、宮迫博之らが事務所を解雇された。

そして、２０２３年には松本人志の性加害疑惑が持ち上がった。当初は事務所も強気な対応をしていたが、その後は一転して被害を訴えている女性がいる事実を重く受け止め、コンプライアンスの指導・教育や事実確認を進めていくことを発表した。「芸人の女遊びぐらい大目に見ろよ」というのがかつての常識だったが、今ではそれは通用しなくなっている。

本章では「お笑いとコンプラ」の問題について考えることにする。あらかじめ断っておくと、こういった問題に関しては感情的な対立が生まれやすいことに注意しなければいけない。

「女性への容姿イジリなんて今の時代に許されるわけがない。言語道断である」といった主張をする人がいる一方で、「最近はコンプラ、コンプラとうるさくて、過激な企画ができないのでテレビが全然面白くない。昔のような番組がもっと見たい」というような、正反対の立場から強い主張をする人もいる。

個人的には、どちらの主張にも違和感を感じる部分がある。この問題の正しい答えはこれだ、などと考えて、一方的に断罪を求めるような風潮はやりすぎではないかと思う。

一方、大雑把にひとくくりにして「昔は良かった」などと言うのも、問題を単純化しすぎではないか。社会的な問題に関して個人としてつらい思いをした経験がある人もいるからだ。

そういった「0か100か」といった極端な主張は、ほとんどの場合、お笑いそのものの価値を過度に軽く見積もっていることから生まれる。

たとえば、松本人志の性加害疑惑が出たときに「ダウンタウンのお笑いはいじめの笑いだから、私はもともと嫌いだった」というようなことをSNSで書く人が散見された。

そういうことを言いたくなる気持ちはわからなくもないが、芸人の個人的な問題と、笑いの本質は別のところにある。

仮に、ダウンタウンの笑いが本当に単なる「いじめの笑い」であり、許されないほど悪質なものなのだとしたら、ここまで長年にわたって多くの人に愛されることはなかったのではないか。つまり、ここには明らかに言い過ぎている部分がある。言い過ぎだということをきちんと踏まえておかないと、議論がまともに進まない。

そもそも何かを見て笑えるか笑えないかというのは個人的な感覚に依存する部分が大

きいので、お笑いに関しては極端な感情論が横行しやすい。だからこそ、つとめて冷静に考える必要がある。

「人を傷つける笑い」に拒否反応を示す若者たち

先日、大学講師の知人に依頼されて、大学の講義で話をすることになった。講義に先立って、学生にお笑いに関するアンケート調査を行った。

「好きな芸人とその理由は？」「嫌いな芸人とその理由は？」という２つの項目について、メールで答えてもらうという簡単なアンケートだった。

数十人の学生から返ってきた回答内容を見て個人的に興味深いと思ったのは、嫌いな芸人についての回答に１つの傾向が見られたことだ。

それは、偉そうな態度を取ったり、痛みや苦しみを見せたりするようなもの、いわゆる「人を傷つける笑い」に嫌悪感を抱いている学生が想像以上に多かったことだ。

もちろん、アンケートで回答を求められたことで、何かを答えないといけないと思い、無難にそういう回答をしただけの人もいるかもしれない。ただ、それを考慮してもなお、こちらが想像している以上に、若い世代の間で人を傷つける笑いを嫌う風潮があることに驚いた。

彼らが嫌っているものの多くは、私が学生だった90年代頃には、テレビでも当たり前のように見られていたものだ。ダウンタウンやとんねるずはよくパワハラ的なノリのお笑いをやっていた。

『進め！電波少年』（日本テレビ系）が大ヒットしていて、そこでは芸人を生命の危険にさらすほどの過激なロケが行われていた。

当時からそういうものに対する批判の声はあったが、それ以上にそういった芸人や番組には圧倒的な人気があったし、支持している人も多かった。

特に、大学生のような若い世代の人間は、過激なものに憧れを抱きやすかった。だからこそ、時代が変わったとはいえ、学生の多くがいまやそういう笑いを敬遠している雰囲気があることに驚いたのだ。

ただ、よくよく考えてみれば、そもそも社会が変わっているし、世の中の空気が変わっているのだから、求められる笑いのあり方も変わっていくのは当然のことだ。

たとえば、かつての学校教育や部活動では、厳しい指導の一貫として体罰がまかり通っていた。しかし、今では体罰が発覚すれば、マスコミで報じられるほどの大問題になるだろう。暴力に対する抵抗感が昔と今の若者では大きく異なる。

また、パワハラ、セクハラ、モラハラといったハラスメントに対する意識も、一昔前と今ではずいぶん変わっている。

そういう時代の変化がある以上、今の若者が人を傷つけるような笑いを敬遠するのは当然のことなのかもしれない。

「人を傷つけない笑い」は存在するのか

２０１９年の『Ｍ－１グランプリ』で、そんな時代の変化を象徴する出来事があった。決勝の舞台でぺこぱの２人が披露した一風変わった形の漫才が話題になり、「人を傷つけない笑い」として称賛されたのだ。

長身で甘いマスクのシュウペイが放つ軽いボケに対して、派手な髪型でホスト風ファッションの松陰寺太勇はツッコむと見せかけてツッコまない。

タクシー運転手を演じるシュウペイが道端で手を挙げている松陰寺を車ではねると、松陰寺は「いや、痛えな、どこ見て運転してんだよ……って言えてる時点で無事で良かった」と言う。さらに、続けてもう一度ぶつかったときにも「いや、2回もぶつかる……ってことは俺が車道側に立っていたのかもしれない」と返す。

本来なら、ツッコミは常識を振りかざして非常識なボケを訂正するものなのに、ボケに理解を示す「優しいツッコミ」を繰り出したのが斬新だった。

そんな彼らの漫才は、単に笑えるというだけではなく、人々の印象に残るものだった。「人を傷つけない笑いだからすばらしい」というふうに彼らを褒め称える人が続々と現れた。

オードリーの若林正恭も自身のラジオ番組で「本来ツッコミと相性が悪いはずの多様性を飲み込む」という手法でぺこぱが漫才を演じたことに対して、感動のあまり号泣したと語っていた。

その時期には、訳知り顔の文化人や評論家が「これからは優しい笑いの時代だ」などという文章を書いていたし、私自身もそれに近いことは書いていたかもしれない。

ただ、ここで断っておきたいのは「すべての芸人はぺこぱのような優しい笑いをやるべきだ」「優しい笑いこそが最高の笑いだ」などとは思っていないということだ。

もっと言うと、私は「人を傷つけない笑い」という言葉を安易に使う風潮には違和感がある。

そもそも笑いとは何なのかということを深く考えると、そういう言葉を気軽には使えなくなる。

ぺこぱの2人も、バラエティ番組などでこの話題を振られると、ひたすら戸惑ったような反応をしていた。人を傷つけない笑いをやろうと思ってあのネタを作ったわけではないし、自分たちが人を傷つけない笑いをやっているとも思っていない、と彼らは繰り返し語っていた。

芸人がネタを作るのは人を笑わせたいからだ。もともとはそこにいかなる倫理的・政治的メッセージも含まれてはいない。含まれているように見えたとしたら、それはたまたまである。

政治風刺のようなことを意図的にやる人はいるかもしれないが、それは芸人の仕事において本質的なことではない。笑えるかどうかが最も大事だからだ。

たとえば「笑えるかどうかわからないけど、これだけは言わないと気が済まない」と考えて政治風刺のような発信をしている人がいるとしたら、1人の人間としては立派だが、あまり芸人らしくはない。

「ああ、スベった。全然ウケなかった。でも、政治的なメッセージがみんなに伝えられたから大満足」

心の底からそう思うような人は、もはや芸人とは呼べないだろう。

ぺこぱの例のように、芸人が社会的に有意義なメッセージを発しているように見えることがあるのは、彼らが意識的にも無意識的にも時代の空気を察知して、今を生きる観客が笑えるようなネタを作ろうとしているからだ。

でも、それによって何か特別なメッセージを発しているわけではない。

ぺこぱに関して、世間の人や評論家が「人を傷つけない笑いだからすばらしい」などと言っていた本当の理由は、それが単に面白かったからなのだ。面白くなかったなら、決してそういう評価はされない。そもそも印象に残らないし、見向きもされないだろう。面白かったからこそ、副産物としていろいろなものが乗っかってくることになる。だから、やっぱりお笑いは面白いかどうかで見るべきだし、御託を並べたがる人たちも結局は面白いかどうかで見ているのだから何も問題はない、とも言える。

実のところ、プロの芸人や業界関係者は「人を傷つけない笑い」という言葉に対して、総じて無関心だったり、否定的だったりした。

若林がぺこぱの漫才を評価したのも、斬新なスタイルの漫才を発明したことに対して感動していたのであり、それが倫理的に正しいことだから支持していたわけではないだろう。

また、芸人がテレビなどで不適切な発言をして批判を浴びるというのもよくあることだが、これに関しても同様のことが言える。

たとえば、女性の容姿をイジるようなネタをやった芸人に対して「こんなひどいネタをやるなんて許せない」などと一斉に叩く人たちがいる。

批判する側の気持ちもわからないわけではないが、そもそも人を傷つけようと思ってお笑いをやっている人は1人もいない。芸人はただ笑わせたいだけなのだ。

もちろん「芸人は笑わせたくてやっているだけだから、どんなにひどいことを言ってもいい」というわけではない。そうではなく、芸人の不適切な発言に目くじらを立てる人たちは、彼らが単に笑わせたいと思っているだけだということを忘れがちではないかと感じるので、そこはお笑いという営みの大前提にあることだから忘れない方が良いのではないか、と念を押したいだけだ。

芸人の発言に対して見る人が不快に思うと、当然ながら笑えなくなる。ここで「間違ったこと、倫理的に良くないことを言っているから笑えないのだ」と思ってしまいがちだが、話はそう単純ではない。

たとえば、容姿イジリをしてはいけないと考えている人が、ある種の容姿イジリのネタでは腹を抱えて笑っていることだってあるかもしれない。女性の容姿イジリは許せないと思っている人でも、男性芸人へのハゲイジリやおじさんイジリで笑ったりしたことが一度もないとは言い切れないのではないか。なぜなら、笑いは生理的な反応であり、理屈ではないからだ。

一歩引いて理屈で冷静に考えれば、それは人の容姿を揶揄する笑いだった。しかし、その瞬間は思わず笑ってしまっていた。そういうことはいくらでもあるだろう。人は正しさだけで動いているわけではない。だから、正しさに基づく主張をしたくなるときこそ、自分がどういう原理で動いているのかに自覚的でなければいけない。

芸人は笑いのプロである。人がどういうときに笑うか、どういうふうに笑うか、ということに誰よりも自覚的である。

そういう笑いのプロフェッショナルである彼らにとっては「人を傷つけない笑い」という言葉は、いかにも事の表面だけをなぞるような薄っぺらい言葉のように感じられるのだろう。

ここで述べたことは、本章で語られる個々のテーマのすべてに通じるものだ。人を傷つけてはいけないのは当然だし、芸人ならばそれを意識していない人はいない。しかし、その一方で、「人を傷つけない笑い」なるものが何の迷いもなく明確に存在すると考えている人は、考えが甘く安直であると言わざるを得ない。

痛みを伴う笑いは悪なのか？

数あるお笑いのジャンルの中でも、最近特に旗色が悪いのが、芸人が肉体的・精神的な苦痛を味わっている姿を楽しむようなもの——いわゆる「リアクション芸」である。痛みを伴う笑いは倫理的に良くないものだと考える人が増えていて、批判の対象となることが多い。テレビの世界でも、芸人が体を張って危険に身を投じるような企画は減少傾向にある。

ただ、ここ30～40年のリアクション芸の歴史を振り返ると、大きな流れとしては少しずつリアクション芸に対する世間の理解は深まっていて、どちらかというと温かい目で見られるようになっていた。

そんな中でもコンプラ重視の風潮が強まったことで、この分野に関しても厳しく見られるようになったのだ。

歴史を紐解くと、そもそも80年代にはリアクション芸という言葉はなかった。芸人やタレントがバラエティ番組の企画で体を張ることはあったが、一般的にはそれが「芸」であるとは思われていなかったからだ。

バラエティの企画でひどい目に遭わされた芸人が痛がったり苦しんだりするのは、単に自然な反応を見せているだけであり、そこに何らかのテクニックがあるとは考えられていなかった。

テレビでリアクションを芸として確立した第一人者は、ビートたけしが率いる「たけし軍団」の面々だった。彼らは持ち前の身体能力と特攻精神を生かして、師匠であるたけしのもとで数々の過激な企画に挑戦した。

そんな彼らのリアクション芸の集大成とも言える番組が『ビートたけしのお笑いウルトラクイズ!!』（日本テレビ系）である。

大型バスをクレーンで吊るして、その中に芸人たちを閉じ込めてクイズを出題するなど、大掛かりで無謀なロケの数々で伝説を残した番組だ。たけし軍団を筆頭に多くの芸人やタレントが命懸けのパフォーマンスを見せていた。

出演者の中にはのちにリアクション芸人の第一人者となるダチョウ倶楽部や出川哲朗

もいた。この番組で彼らは、たけしとたけし軍団から体を張った笑いの作り方のいろはを学んだ。

そして、そこでの奮闘が評価されたことで彼らは一躍有名になった。ここからダチョウ倶楽部や出川はリアクション芸というものに真剣に向き合い、その道を極めていくことになった。

リアクション芸は孤独な道である。汗をかき、鼻水をたらし、体にムチ打ってどんなにがんばっても、その努力自体はなかなか世間には伝わらない。ヨゴレ役を引き受けるにはそれなりの覚悟が要る。

出川やダチョウ倶楽部はリアクション芸で有名になったものの、番組の中では仕切り役の芸人にひどい目に遭わされる被害者の立場を引き受けることが多かったため、どうしても視聴者にはなめられやすい存在だった。出川は雑誌の「嫌いな男」「抱かれたくない男」ランキングでも常に上位をキープしていた。

だが、2000年代に入り、お笑いが世の中に浸透していくにつれて、少しずつ空気が変わり始めた。バラエティ番組でも芸人の裏の努力や戦略などが赤裸々に語られるような場面が増え、芸人という職業に対する世間のイメージが変わった。

出川やダチョウ倶楽部は、トーク番組でリアクション芸の裏にあるテクニックを自分たちで解説したりすることもあった。一見単純そうに見える彼らのリアクション芸が、実は緻密に計算されたものだということが広く知れわたった。

この段階でようやく「リアクション芸も１つの立派な芸である」ということが理解されるようになったのだ。

芸人がリアクション芸の極意を語るのは、マジシャンが自らマジックの種明かしをするようなものであり、そこにはリスクがある。しかし、ネタバラシがあっても彼らの芸の魅力は失われなかった。テクニックがあるとわかっていても思わず笑ってしまうぐらい、彼らのリアクション芸は洗練されたものだったからだ。

リアクション芸が世間に認知されたことで、それに対して頭ごなしの批判が巻き起こるようなことは減ってきた。バラエティ番組で彼らが味わっている痛みや苦しみは、額面通りに受け取らずに芸として楽しめばいいという認識が広がってきた。

ただ、近年巻き起こっているリアクション芸に対する批判は、その理屈だけでは対処できない論点を含んでいる。

たとえば、2022年4月15日には、BPO(放送倫理・番組向上機構)の「放送と青少年に関する委員会(青少年委員会)」が、出演者が痛がる様子を笑いの対象にするようなバラエティ番組の演出について制作者に配慮を求める見解を公表した。

その中では「刺激の強い薬品を付着させた下着を芸人に着せて痛がる様子を見せる番組」「深い落とし穴に芸人を落とし、最長で6時間そのまま放置する番組」などを例に出して、こういう演出が青少年の健やかな成長と発達の妨げになる可能性を指摘していた。

発達心理学や脳科学の研究に基づく見解として、「苦しんでいる人を助けずに嘲笑するシーン」を子供に見せることは、健全な社会性を獲得する妨げになる上に、いじめやいじめ場面の傍観にもつながるとしていた。

BPOは、バラエティ番組が人を笑わせ、楽しませることの価値を否定しているわけではない。「見解」として出された文書の全文を読むと、制作者に対しては十分な理解と配慮を示しているし、自分たちの意見を一方的に押し付けているわけでもない。

ただ、テレビ番組が青少年に与える影響についてはしっかり考えることが必要なのではないか、と訴えているだけだ。この点に関しては、すべての制作者や芸人が十分に注意しなければいけないだろう。

リアクション芸の未来を考える上で、意外とバカにできないのが「ライセンス制の導入」である。

たとえば、今でも出川やダチョウ倶楽部のリアクション芸は一種の伝統芸のように扱われていて、批判の対象になることも少ない。一方、まだ彼らほどの地位を確立していない芸人が体を張った企画に挑むと、世間の目が厳しいことがある。リアクション芸人のイメージが確立していない人がひどい目に遭うと、単にかわいそうだと思われてしまったりする。

いわば、出川やダチョウ倶楽部はリアクション芸のライセンスを持っているような状態なのだ。そのように公に認められている場合のみ、リアクションは芸として成立する。

ということは、このライセンス制度を本当に導入したら、リアクション芸の可能性は広がるかもしれない。

スタントマンは体を張った演技のプロフェッショナルである。それと同様に、体を張った笑いもその分野のプロにだけ許された仕事である。そう考えると、リアクション芸にライセンス制度を取り入れるのはそこまで荒唐無稽な話でもない。

いずれにせよ、リアクション芸という伝統芸をいかに存続させるかということに関しては、これからさらなる議論が必要だろう。

パワハラ的な笑いが時代遅れになっている理由

近年、職場で上司が部下に対して高圧的な態度を取ったり、嫌がらせをしたりする「パワハラ（パワー・ハラスメント）」が問題視されることが増えてきた。人の痛みや苦しみに敏感な社会になったことで、今まで見過ごされてきたものが決して許されないことだと思われるようになった。

2022年4月には、すべての企業がパワハラ防止対策に取り組むことが法律で義務づけられた。

そんな時代の移り変わりに伴って、先輩芸人が後輩芸人に何かを強要するようなパワハラ的な笑いに対しても、嫌悪感を持つ人が増えてきている。

その手の笑いのスペシャリストとして名高いのがとんねるずである。デビュー直後の彼らは、生放送の番組で一般人に暴言を吐いたり、カメラを倒したりするような過激な芸風で話題になっていた。

その後も、番組スタッフを表舞台に引っ張り出して、コントの中で殴る・蹴るの暴行を加えたり、水に突き落としたりしていた。後輩芸人に自腹で高級時計を買わせるという企画もあった。上下関係の厳しい昔の運動部出身の彼らは、そのようなパワハラまがいの企画を得意としてきた。

もちろん、それは信頼関係があって成り立っている立派な芸であり、実際のパワハラとは似ても似つかないものだ。

だが、芸能界で地位を確立してからも若いときと同じように強気な態度を貫いているとんねるずは、一部の人からは傲慢な権力者の見本のように思われてしまっている。

実際、10年代に入ると、とんねるずの笑いは少しずつ大衆の支持を得られなくなっていき、2018年には『とんねるずのみなさんのおかげでした』(フジテレビ系)が終了した。2016年と2017年には『日経エンタテインメント!』の「嫌いな芸人ランキング」で石橋貴明が2年連続の1位となった。

ダウンタウンも、とんねるずと同様にその言動を批判されることが多い芸人である。基本的に2人ともテレビに出るときにはふてぶてしい態度であることが多いし、浜田雅功は事あるごとに共演者の頭をはたいたり、乱暴な言葉を浴びせたりする。

もともとダウンタウンがそのような振る舞いをしていたのは、一種のカウンター芸だった。上下関係の厳しい芸能界で彼らがのし上がっていくためには、なめられないために常に強気でいる必要があった。

上京してきたばかりの頃には、全国ネットの番組に出るとき、浜田は今以上に張り切って暴れ回っていた。年上の大物芸能人と共演したときにも、にらみつけたり頭をはたいたりして、攻めの姿勢を崩すことはなかった。

とんねるずもダウンタウンも、彼らを長年見ている人からすると、偉そうにしていることにそれほど違和感がない。彼らの笑いのルーツを知っていれば、それがただのパフォーマンスでしかないことがわかるからだ。

ただ、彼らの若手時代を知らない現代の若者から見ると、なぜとんねるずやダウンタウンがそこまで尊大に振る舞っていて、後輩芸人が彼らにやたらと気を使っているのか、というのがよくわからないかもしれない。

また、パワハラ的な笑いがフィクショナルなものであるとしても、そこに実際の権力関係を連想させるようなものがあれば、それ自体が問題であるとも考えられる。

実際、前述のＢＰＯが公表した見解の中でも、単に出演者が痛がる様子を放送したことを問題視しているわけではなく、スタジオで別の出演者たちがそのＶＴＲを見て笑っている姿を流したことをより問題視していた。

大抵の場合、リアクション芸というものは、それを強制したり、それを見て笑ったりする共演者とセットになっている。それが実社会におけるパワハラそのものを連想させてしまうのは無理もない。

さらに言うと、「テレビ番組の中で先輩芸人が後輩芸人に高圧的に振る舞っているのは単なる演技であり、実際にそういう関係であるわけではない」と言えるならまだ良いのだが、必ずしもそうとは言い切れないところが厄介だ。

松本人志の性加害疑惑が報じられた記事の中でも、松本が後輩芸人に女性を集めさせて、ホテルの一室で女性との飲み会を常習的に行っていたと書かれている。

つまり、実際にお笑い界では芸人の間に厳しい上下関係があり、それがこのような問題につながっていた可能性がある。そういうものが世の中で受け入れられなくなっているのは当然のことだろう。

上下関係が存在すること自体は問題ではない。しかし、権力を振りかざして上の者が下の者に対して横暴に振る舞ったり、何かを強要したりすることは、忌み嫌われる行為であり、お笑いのパフォーマンスの中であっても許されなくなっている。

露骨にパワハラを想起させるような笑いは今後はなくなっていくのかもしれない。

『ガキの使い』のブラックフェイス問題で沈黙した松本

最近では、バラエティ番組で芸人が何気なくやっていたことが、差別的であるとしてあとから問題になることがある。

その典型例は、2017年12月31日放送の『ダウンタウンのガキの使いやあらへんでSP 絶対に笑ってはいけないアメリカンポリス24時』(日本テレビ系)の中で、ダウンタウンの浜田雅功がアメリカの俳優エディ・マーフィーに扮して、顔を黒塗りにしたことだ。これが黒人差別を助長するものとして激しい批判にさらされた。

国内のみならず『BBC News』『The New York Times』などの海外メディアでも報じられた。

昔のアメリカでは顔を黒く塗った白人が黒人役を演じる「ミンストレル・ショー」が人気を博していたが、人種差別的であることから廃れていった。現在では黒人以外の人が黒塗りで黒人を演じること自体が差別的な行為であるとされている。

恐らく番組スタッフや出演者には悪気はなく、たまたま問題とされる行為を行っていただけだった。少なくとも当時の日本では、多くの日本人がそのような歴史的経緯を知らず、黒塗り演出を問題であるとも思っていなかったのではないか。

だが、たとえ知らなかったのだとしても、国際的に見て絶対的なタブーというものは存在する。日本にも外国人や海外にルーツを持つ人はたくさん住んでいるし、テレビの映像がネットなどを通して海外の人の目に触れる機会も多い。日本のメディアも芸人たちも、そんな国際世論を無視するわけにはいかなくなっている。

当時、『ワイドナショー』でこの問題に触れた松本は「言いたいことはあるんですけども、めんどくさいので」と、具体的な主張はせずに口をつぐんでいた。

たとえ悪気がなく行われたことであっても、それを問題だと考える人がいて、それが国際的な常識となっている限りは、そこに配慮をする必要がある。

恐らく松本はそのような風潮に違和感を持っていた。しかし、今の時代の空気では自分の意見を表明することすら許されないと考えて、あえて何も言わなかったのだろう。

しかし、個人的には、松本のこの対応は残念であると感じた。たとえバッシングされるとしても、自分の意見があるのならば、それをはっきり語ってみてほしかった。

それがお笑い界の第一人者である彼に求められた役割だったのではないか。

加えて、このときの松本の対応を見ていて思ったのは、彼はこういうときに語るべき言葉を持っていない人間なのではないか、ということだった。

松本はどこまで行ってもお笑いの世界の住人であり、お笑いが社会の側からどう見えているか、社会の中でどうあるべきか、という視座に立っていないように見える。ビートたけしや太田光のような人間であれば、こういう問題に関しても明確な主張を自分の言葉で語れたのではないか。

この件で露呈した松本の弱点が、性加害疑惑のときにも改めて浮き彫りになっていた。そこに彼の芸人としての限界があったのかもしれない。

女性は芸人に向かない？　お笑い界の女性差別問題

一昔前までは、お笑いは男の仕事だと相場が決まっていた。女性の芸人も存在しないわけではなかったが、圧倒的な少数派であり、その地位も低かった。

松本人志は、１９９４年に出版された『遺書』（朝日新聞社）の中で「女はコメディアンには向いていない」「女のコメディアンが天下を取ることは、今後も絶対にありえない」と書いている。

その理由として述べられているのは、芸人は笑いのために恥も外聞もなく自分をさらけ出さなければいけないものなのに、女性は身も心も素っ裸になることができないから、ということだ。

プロの見解として一理あると言えなくもないが、今の時代から見るとあからさまに差別的なニュアンスが含まれている。

女性芸人の歴史は、この種の偏見との戦いの歴史でもあった。

近年、女性芸人を取り巻く状況は大きく変わった。お笑い界でも女性の割合がどんどん増えてきて、それなりの存在感を確立するようになった。多くのテレビ番組で女性芸人を見かけるようになってきたし、華々しい活躍をしている人もいる。

だが、いまだに女性芸人が低く見られているようなところはある。雑誌などの「好きな芸人ランキング」で上位に名を連ねるのは男性芸人ばかりだし、テレビ番組でMCを務めるのもほとんどが男性芸人だ。

2017年に始まった女性芸人限定のお笑いコンテスト『女芸人No．1決定戦　THE W』は、新たな女性芸人を発掘しようとする意欲的な試みではある。しかし、誰でも参加できるお笑いコンテストがすでに存在するのに、女性だけを集めて競わせるのに何の意味があるのか、という意見もある。

もちろんお笑いという営みにおいては、基本的には男女平等であり、女性だからといって露骨に差別されるようなことはない。

だが、女性芸人の出世を阻む「ガラスの天井」はたしかに存在していて、彼女たちの活躍は一定のところで頭打ちになっているように見える。

そこを突き破って「天下を取った」と言えるほどの実績を残したのは、長いお笑いの歴史の中でも山田邦子と上沼恵美子ぐらいのものだ。

女性芸人が番組の仕切り役を務めることが少ないのは、差別されているからなのかはわからない。基本的には、テレビ制作者は視聴者のニーズを考えて番組を作っているだけなので、彼らが女性芸人をＭＣとしてあまり起用しない背景に、どの程度の偏見や差別が含まれているかというのははっきりしない。

一方で、女性芸人には有利な点もある。それは、上下関係にあまり縛られないことだ。お笑い界は男性が大半を占める男社会であるため、ピラミッド型の権力構造が作られているようなところがある。後輩は先輩に逆らうことができない。

駆け出しの若い男性芸人が先輩芸人に少しでも生意気な口を利いたりしたら、その場の空気が悪くなるのは間違いない。

しかし、女性芸人はこの男社会の権力構造に縛られず、ある程度は自由でいられる立場にある。女性芸人が先輩に多少生意気なことを言っても、それほど嫌な印象を与えないことが多い。

もちろん、それは女性が男社会の正式なメンバーとして認められていないからだ、という否定的な見方もあるが、女性芸人の中にはその「特権」を上手に利用する者もいる。

だからこそ、芸歴2年目で世に出たブルゾンちえみのように、女性芸人は芸歴や年齢に関係なく即戦力となる可能性を秘めている。YouTuber芸人のフワちゃんが大ブレークしたのも、上下関係に縛られないタメ口キャラが斬新だったからだ。

また、マイノリティであるという特権を最大限に生かして、わざと空気を読まずに男性芸人の間に割って入ることもできる。

友近やゆりやんレトリィバァなどは、実力もさることながら、目上の芸人を相手にしても堂々と自分のペースを貫く度胸が業界人から称賛されることが多い。

さらに言うと、従来のお笑い界の常識にとらわれない形で活動をする女性芸人もいる。その代表例が渡辺直美だ。

彼女はもともとビヨンセの口パクものまねでテレビに出始めた。巨体を揺らしてキレのあるダンスを堂々と披露する姿が印象的だった。その後、コント番組『ピカルの定理』（フジテレビ系）にレギュラー出演して、若者からの支持を獲得。さらに、インスタグラムでおしゃれな私服姿を披露したり、笑える写真や動画をアップし続けたことで、若い女性のファンが急増していった。

２０１６年にはニューヨーク、ロサンゼルス、台北（台湾）を回るワールドツアーを敢行した。また、渡辺は持ち前のファッションセンスを生かしてブランド「Ｐｕｎｙｕｓ」のプロデュースも手がけている。渡辺の体型にも合う大きめのサイズでお洒落なデザインの服が揃っているのが売りだ。

渡辺は世の女性たちに向けて「太っていても自信を持ってお洒落を楽しめばいい」という前向きなメッセージを送っている。彼女はいまや芸人の枠を超えたファッションリーダー的な存在になりつつある。現在はニューヨークを拠点にして世界を股にかけた活動を行っている。

ゆりやんレトリィバァも2024年12月にアメリカに引っ越して、芸人として活動をしながら、映画監督業を行う予定であることを発表した。

海外に目を向けるフットワークの軽い女性芸人が続々と出てきているというのも、最近の女性芸人界で興味深い現象である。

多様な生き方が認められるようになった今では、女性芸人の生き方の可能性もどんどん広がっている。ガラスの天井を破りたければ破ればいいし、そこに興味がなければ、好きな生き方をすればいい。生き方を選べること自体が女性芸人の特権でもあるのかもしれない。

女性芸人が「容姿イジリ」から離れていく理由

2024年3月、人気女性コンビの尼神インターが解散した。明るく天真爛漫なキャラクターの誠子と、やさぐれキャラの渚(現・ナ酒渚)。見た目も性格も対照的に見える2人のコンビネーションが絶妙だった。

尼神インターの持ちネタの中には、過剰に「いい女」を気取る誠子に対して、渚が容赦なく「ブスやないか」とツッコミをいれる、というものがあった。だが、ある時期から彼女たちはこのネタをやらなくなった。

もともと誠子は自分の容姿にコンプレックスがあった。お笑いの世界に飛び込んでみたところ、そこでは自分の容姿をネタにすることで笑いが取れることに気付き、コンプレックスが解消されて自信を持てるようになった。そんな彼女にとって、容姿ネタを捨てるというのは大きな決断だったのではないか。

3時のヒロインの福田麻貴も、2021年にツイッター(現・X)で「私達は容姿に言及するネタを捨てることにしました!」と書き込み、容姿イジリ封印を宣言したことで話題になった。

彼女の意図としては、容姿ネタそのものを否定するつもりはなく、あくまでも現場の肌感覚としてそういうネタがウケなくなっているのを感じていたので、自分たちはそれをやらないことにしたというだけだった。

また、馬場園梓とのコンビ・アジアンを解散して女優に転身した隅田美保も、漫才の中で容姿イジリをされることが多かったのだが、それを嫌っていたと噂されていた（のちに本人は否定）。

ここ数年の間に女性芸人が容姿に関するネタをすることはほとんどなくなってきた。一昔前までのお笑い界では、芸人は笑いのためならどんなことでもやるべきだ、という風潮があった。頭髪が薄い芸人や太っている芸人は、自分の身体的な特徴をネタに取り入れて笑いを取るのも普通のことだった。女性芸人も例外ではなく、「ブス」や「デブ」であることを自らネタにするような人もいたし、ほかの芸人に容姿についてイジられることもあった。

当然ながら、一般社会で他人の容姿について否定的なことを言うのはマナー違反である。ただ、芸人が芸人に対して笑いを取るためにお互いの暗黙の合意のもとで容姿イジリをするというのは、普通に行われていることだった。

だが、時代も少しずつ変わっていき、たとえ芸人同士のやり取りであっても、見た目のことでからかったり悪口を言ったりするのは不快に感じるという人が増えてきた。女性の容姿イジリに関しては特にその抵抗感が強かった。

笑いはナマモノである。芸人は観客がどこでどう笑うかを見極めて、ネタの中身を日々調整している。誠子や福田は容姿ネタが少しずつウケなくなっていることを感じて、それをやらないことにしたのだろう。

しかし、今のところ、容姿ネタ全般がお笑い界から消えてしまったわけではない。少なくとも男性芸人に関しては、見た目をネタにするのが全面的に悪いことだとは思われていない。男性と女性では見た目に関する意識の違いが大きいため、男性の容姿イジリはまだそこまで嫌悪感を持たれていないのだろう。

笑いとは緊張からの解放であり、リラックスした状況でなければ生まれないものだ。女性が容姿のことをネタにされたりすると、直接不快に思ったり傷ついたりする人もいるだろうし、そうやって傷つく人がいる可能性を想像するだけでも笑いの妨げになってしまう。

女性芸人が続々と容姿ネタを封印しているのは時代の必然だと言えよう。

松本が著書の中で「女はコメディアンには向いていない」「女のコメディアンが天下を取ることは、今後も絶対にありえない」と書いてから30年の月日が経った。

その間に社会は大きく変わり、それに伴ってお笑い界も変わった。今後のお笑い界は当時の松本が想像もしなかったような方向に進んでいくことになるのではないか。

第4章

衰退の一途をたどるテレビに未来はあるか？

松本人志の「お笑いがしたいです」発言への違和感

２０２４年１月に芸能活動を休止して以来、松本人志はしばらく沈黙を保っていて、Xでも一切の発信をしていなかった。
だが、裁判が始まる直前の３月25日に松本は突然、以下のような書き込みをした。

人を笑わせることを志してきました。
たくさんの人が自分の事で笑えなくなり、
何ひとつ罪の無い後輩達が巻き込まれ、
自分の主張はかき消され受け入れられない不条理に、ただただ困惑し、悔しく悲しいです。

世間に真実が伝わり、一日も早く、
お笑いがしたいです。
ダウンタウン松本人志

この内容について論じられるべきポイントはいくつかある。違和感があったのは、松本が「一日も早くお笑いがしたい」と、お笑いそのものが禁じられているかのような表現をしていたことだ。

松本は裁判に注力するために自ら芸能活動休止を選んだとされている。民放のテレビ番組はスポンサー企業の広告費によって支えられているため、コンプライアンスが厳しく、今の松本が出たくても出られない状況であるのも事実だ。

ただ、松本がお笑いの活動をすること自体には何らかの制限がかけられているわけではない。本気でお笑いがやりたいのなら、ライブを開催してもいいし、ＹｏｕＴｕｂｅで動画を公開してもいい。Ｘを使って活字で大喜利をやっても構わない。

ＹｏｕＴｕｂｅなどのウェブメディアであれば、個人の責任である程度は自由に発信ができる。松本が本当にお笑いがやりたいというのなら、今すぐにでもやればいいではないか。

なぜテレビに出られないだけの今の状況を「お笑いができない」と捉えているのか、というのがどうも腑に落ちなかった。

もちろん、松本の意図を汲んで考えるなら、性的加害の疑惑がかけられている今の状況では、何をしてもまっすぐには受け入れてもらえない可能性もあり、納得の行く形で活動ができない、ということなのかもしれない。

ただ、私が違和感を持ったのは、松本はいったいいつからテレビでお笑いをやることにここまでこだわるようになったんだろう、ということだ。

ダウンタウンの活動を長年見守ってきた私からすると、松本はずっとテレビには不満を持っていたし、テレビに何の未練もない、とたびたび語っていた。基本的にはテレビの仕事にそこまで強いこだわりがあるようには見えなかった。

でも、今の松本は、当たり前のようにお笑いはテレビでやるものだと考えているように見える。そこに違和感があった。

かつて松本は「ダウンタウンの番組は、若者ばかりが見ているからあまり視聴率が取れない。でも、笑いの感性が最も鋭いのは若者だ。だから若者が見ているということには価値がある」という主張をしていた。

その理屈で言うと、もはや若者がそれほど見ていないと言われる地上波テレビという場所にこだわり続けるのは、芸人として正しい生き方なのだろうか、という疑問が浮かんでくる。

実際、今は多くの芸人が当たり前のようにＹｏｕＴｕｂｅ、Ｘ、ＴｉｋＴｏｋなどさまざまな形でお笑いの発信をしている。

テレビという場所でなければお笑いができない、などと考えている人は少数派だ。今はむしろテレビでコント番組などをやるのは数字が取れないので難しいと言われたりもしている。

テレビとお笑いが深く結びついていた時代はもう終わったのか。見る人が減り続けているテレビに未来はあるのか。本章では、最近何かと悪く言われがちなテレビの今後について考えたい。

テレビは不便だから見られない

戦後の高度経済成長期を経て、テレビは娯楽の王様になった。全国民がテレビの前に釘付けになり、きらびやかな世界に熱狂した。

ある時期までは視聴率が20%や30%を超える大人気番組もあった。多くの人がテレビを楽しみ、テレビのことを口々に話していた。そういう栄光の時代がたしかにあった。

今のテレビには当時の面影はほとんどない。若者から見放されているだけではなく、上の世代でもテレビ離れが進んでいる。リアルタイムでテレビを視聴している世帯の割合を表すＨＵＴ（総世帯視聴率）は下落の一途をたどっている。

もともとテレビの影響力が強かったのは、単に番組が面白かったからということ以外にもさまざまな要因が考えられる。その１つはライバルとなるようなメディアがほかになかったということだ。

そしてもう1つは、テレビが当時の娯楽機器としては圧倒的に便利なものだったからだ。電器店でテレビを買ってきてコンセントをつないで電源を入れれば、すぐに流れてくる映像を楽しめる。このシステムは実にわかりやすく、使いやすく、便利だった。

映像コンテンツを楽しむなら映画館に行くしかないという時代に、本格的な映像コンテンツを自宅で楽しめる。これは昭和の時代には信じられないほど便利なものだった。

かつてのテレビの栄光の理由は単なる「利便性」だったのだと考えると、そこから今のテレビが影響力を失いつつある理由も見えてくる。今のテレビは、ほかのネットで提供されるウェブメディアやウェブコンテンツに比べて、明らかに不便すぎるのだ。

まず、テレビ受像機やテレビチューナーがなければ番組を見ることができない。スマホひとつで誰でも動画を見られて、動画を撮影・編集すらできる時代に、テレビのコンテンツを見るためには専用の設備が必要とされる。

それだけでも十分不便なのに、テレビは原則として、決まった時間に決まったチャンネルに合わせなければ、希望のコンテンツを見ることができない。いつでも見たいものが見られるわけではない。この点でも不便である。

録画をすればあとから見ることもできるが、事前に見たい番組を調べて録画の予約をするのは面倒だし、録画機器を導入するためにお金もかかる。TＶｅｒやテレビ局ごとの見逃し配信サービスもあるが、会員登録が必要だったり、広告が多かったり、月額料金がかかったりする。ＹｏｕＴｕｂｅなどと比べると利便性では圧倒的に劣る。

かつてメディアの王様だったテレビは、インターネット時代に「不便」という弱点を露呈してしまった。特に、物心ついた頃からネットが身近にあるデジタルネイティブ世代の若者にとっては、それが致命的なものだと感じられるだろう。

一方、高齢者の多くはテレビを不便だとは思っていない。むしろ、電源を入れるだけで一方的に何らかの映像コンテンツが流れてくることが便利だと感じているかもしれない。

一般に、年齢を重ねるほど多くのものから1つのものを選んだり、見たいものを探したりすることに煩わしさを感じるようになる。長年にわたるテレビ視聴に慣れている高齢者にとっては、一方的に垂れ流されるテレビにもそれなりの利便性があるのだろう。

だが、その世代間ギャップは埋まることはない。今の若者が大きくなる頃には、テレビを取り巻く状況はさらに厳しいものになっているだろう。

テレビは若者向けにシフトした

視聴率はスポンサーがテレビＣＭを出稿するときの指標となるものであり、テレビ局にとってもこの上なく重要な数字である。

だが、数年前に基準となる視聴率の算定方法が変わったことで、テレビ業界に大きな変化が訪れた。

もともとテレビの世界で単に「視聴率」と言う場合、それは「世帯視聴率」を指していた。世帯視聴率とは、テレビ所有世帯のうち、どのくらいの割合でテレビが見られていたかを表すものだ。一世帯で複数のテレビが設置されている場合、１人が見ていても２人以上が見ていても世帯視聴率は変わらない。

世帯視聴率という数字からは、世帯の中の個々人がどのくらいの割合で番組を見ているのかを知ることはできないし、見ている人の年齢や性別などの属性も一切わからない。

日本のテレビ業界では、長年にわたって世帯視聴率だけが絶対的な指標として扱われてきた。テレビ制作者は、この数字を少しでも上げるために血のにじむような努力を続けてきた。

ところが、テレビの影響力が落ちてくるにつれて、世帯視聴率だけで番組を評価することの弊害が目立つようになってきた。

2010年代の前半頃には、世帯視聴率を稼ぐために人口の多い年配層向けの番組がどんどん増えてきて、若者のテレビ離れがますます深刻になってきた。

その時点で日本の人口の約半数が50代以上である。年配の女性は在宅率も高いため、そこをターゲットにした番組が増えていく。この現象をメディアコンサルタントの境治は「テレビのおばさん化」と表現していた。

その時期から、世帯視聴率とは別の指標が必要だと言われるようになってきた。スポンサーから見ると、高齢者は購買意欲も高くないため、高齢者向けの番組でCMを流しても広告効果が低いと考えられていた。スポンサーとしては、できれば若者や現役世代をターゲットにして広告を出したい。

そういうところから、２０２０年4月以降、個人視聴率の取得が本格化され、民放各局がこの指標を用いるようになった。個人視聴率は世帯単位ではなく個人単位で計測されるし、個人の属性も記録される。こちらの方がスポンサーにとっては都合が良い。今では世帯視聴率はほとんど評価の対象にならなくなった。

現在では、単に個人視聴率の数字を見るだけではなく、民放各局がもっと細かい独自の指標を作り、それを番組評価の基準にするようになっている。

たとえば、日本テレビでは13～49歳をターゲットにした「コア視聴率」という指標を重視している。

評価の基準が変わったことで、テレビは一気に若者向けにシフトしていった。芸人が出るバラエティ番組や実験的な番組が以前よりも増えてきた。

とは言うものの、これで万事解決かというと、そういうわけではない。どんなにテレビ局が若者向けの番組を作っても、今の若者はほとんどテレビを見ていない。そもそも一人暮らしの若者の場合、家にテレビがあるケースの方が少ない。

私が直接聞いた話では、テレビ局に内定が決まった学生が、家にはテレビがないと言っていたこともあった。

テレビ局に就職するような学生であれば、当然平均的な若者よりもテレビ番組をたくさん見ているし、テレビ業界に興味も持っているはずだ。そういう若者ですら、家にテレビがない。それが当たり前の時代なのだ。若者もいつまでも若者でいるわけではなく、今の若い層がこれからどんどん年齢を重ねていく。未来の若者が今よりもテレビを見るようになる可能性はきわめて低い。

視聴率の基準を変えたのも、テレビが滅びゆくスピードを多少緩和するだけの一時しのぎに過ぎないのかもしれない。

ＴＶｅｒがテレビを変えるのか

ここ10年ほど、テレビ業界はネット業界の隆盛に一方的に押され気味だった。だが、少しだけ明るいきざしも出てきている。それは、見逃し配信サービスの「ＴＶｅｒ」が順調に伸びていることだ。

もともとテレビ局は、自社のコンテンツを地上波以外の場所で流すことに消極的だった。民放の経営はスポンサーからの広告料で成り立っている。地上波で番組と合わせてスポンサーのCMを見てもらう、ということがビジネスの根幹にあった。

地上波のテレビ番組と同じものがインターネットなどのほかの場所でも自由に見られるということになれば、テレビ局の経営基盤が崩壊する。そのため、テレビ局はネット進出に対してきわめて慎重かつ消極的だった。

だが、ブロードバンド時代になり、ネットで動画を見る環境が整ってくるにつれて、そのニーズも高まり、テレビ局もなし崩し的に各局のサイトで見逃し配信を始めることになった。

さらに、民放各局が手を組んで、2015年10月に共通の見逃し配信サービス「TVer」を立ち上げた。当初の目論見としては、あくまでもこれは地上波に対する付帯的なサービスという位置づけだった。

しかし、ネット上で気軽に番組を見たいという人々のニーズが無視できないほど大きくなったため、TVer上で広告動画を流して広告料を得るという形がどんどん一般的になっていった。実際、今となっては、HDDレコーダーなどで録画して見られるよりも、TVerで見られる方がスポンサーの反応は良い。

なぜなら、録画視聴ではCMは飛ばされてしまうことが多いのに対して、TVerであればネット上でスキップできない形で広告動画を流すことができるからだ。そちらの方が高い広告効果が期待できるので、スポンサー企業にとっても好都合なのだ。

コロナ禍で巣ごもり需要が高まり、その波を受けてTVerの利用者はますます増えた。さらに、民放キー局だけでなくNHKや地方局も加わり、コンテンツも充実していった。TVerで配信されない番組も多かったが、今では多くの番組が配信されている。

リアルタイム視聴、追っかけ再生などの機能も取り入れられ、ますます便利になった。現在では、ネットがつながっているテレビにはリモコンにTVerのボタンが付いていることも多く、テレビの機械を通してTVerを見ることも一般的になった。

いわば、TVerは、不便であるという地上波テレビの最大の弱点を補完するものとして生まれ、今ではテレビ視聴の1つのスタンダードな形となりつつある。特に、ドラマに関して言えば、継続して視聴する需要が高いこともあり、TVerでの視聴は数字も伸びてきている。

今ではテレビ側も、視聴率に代わる指標としてＴＶｅｒの視聴回数やランキングを大々的にアピールすることが増えている。

インターネットは情報の民主化を促進するものだと言われるが、インターネットサービスであるＴＶｅｒにもそのような側面がある。テレビの箱に守られていた「テレビ番組」というものが民主化されて、ほかの配信サービスやＹｏｕＴｕｂｅなどの動画サービスと横並びになり、純粋にコンテンツ力だけで勝負する時代が来た。

さらに言えば、テレビ業界の内部でもキー局と地方局の間の格差がなくなり、それぞれが横並びで勝負できるようになった。今までは、その地方でしか見られない番組があったり、地方に住んでいる人が東京の番組を見られなかったりした。そのような格差が縮まり、不便が解消される。

そのことで、地方の知られざる面白い番組が全国的に注目されたり話題になったりする、という可能性も出てくるようになった。

地方局の番組は、キー局に比べると予算が少ないことが多く、予算の少なさが弱みになる部分もある。しかし、中身が面白ければ、それはそれで注目される。今の時代、大阪をはじめとする地方局の番組に大物タレントが出演することも多くなった。

たとえば、『探偵!ナイトスクープ』(朝日放送)のような、大阪で作られていた伝説的な長寿バラエティ番組が、今ではTVerを通して気軽に見られる。

また、お笑い関係で業界視聴率が高いローカル番組として有名なのが『マルコポロリ!』(関西テレビ)である。東京の番組では個性を抑えて進行役に徹していることの多い東野幸治が、この番組では本性をむき出しにして、芸人たちに容赦ないイジリを敢行して、残酷な笑いの取り方をしてみせる。それが実に刺激的で面白い。

東京の番組が、良くも悪くもそつなくまとまっている質の高いものが多いのに対して、地方局の番組にはまだまだこの手のいびつな面白さが宿ることがある。そういうものが気軽に見られる環境になったのは視聴者としては喜ばしいことだ。

バラエティと配信の相性の悪さ

ＴＶｅｒが急成長していることでテレビ業界全体は活気づいている。右肩下がりの状況が続く中で、少しだけその低迷に歯止めがかかるかもしれないという希望が生まれている。

ただ、配信の分野ではすべてのテレビ番組が好調であるというわけではない。そこには極端な偏りがある。

ＴＶｅｒから発表された「２０２４年４－６月　総合番組再生数ランキングトップ20」を見ると、ランクインしている20本の番組のうち、実に16本をドラマが占めている。バラエティ番組は『水曜日のダウンタウン』『アメトーーク！』『月曜から夜ふかし』『酒のツマミになる話』の４本しかない。

従来の視聴率という指標で比べるなら、ドラマとバラエティにそこまで大きな差があるわけではない。だが、配信という分野では圧倒的にドラマが強く、バラエティが弱いという傾向が見られる。

ドラマは全体で１つの物語になっているので、いったん見始めたら続きを見たくなることが多い。一方、バラエティは基本的に１回ごとに企画が完結しているため、毎週チエックしないといけないと思わせることが難しい。

そもそも、ドラマがワンクールで1つの作品と見られているのに対して、バラエティはその場限りの流し見で消費されることが前提になっていて、作品性がないことが多い。そのため、地上波で見逃したものを配信でチェックしたり、一度見た番組を配信でもう一度見てみる、といった動きにつながりにくい。

さらに言うと、Ｎｅｔｆｌｉｘをはじめとする配信コンテンツは、従来の地上波のテレビ番組と比べて制作費が高いことが多い。ドラマに関しても、Ｎｅｔｆｌｉｘの予算は地上波とは一桁違うなどと噂されることがある。

ドラマの場合、お金をかけるとキャスティングが豪華になったり、ロケや機材にもお金をかけられる。それだけ映像や演出のクオリティが上がり、見ごたえのあるものになったりする。

もちろん、予算が高ければ高いほど面白くなるというものではないが、それがコンテンツの価値を決める1つの指標になるのは事実である。Ｎｅｔｆｌｉｘなどの配信系のドラマを見ていて、このスケール感を日本の地上波ドラマで出すのは難しいだろうな、などと感じることはよくある。

一方、バラエティ番組というのは予算をかければ面白くなるというものではない。実際、Ｎｅｔｆｌｉｘなどのバラエティ系のコンテンツは、必ずしも良い結果が出ているとは言えない。

もちろん、『ドキュメンタル』のように成功した例もあるが、そこまでのヒット作と呼べるようなものはほんの一握りだ。鳴り物入りでリリースされたバラエティ系のコンテンツが意外と話題にならないというのは珍しいことではない。

バラエティ番組には映画やドラマのような映像美やスケール感が求められていないため、巨額の制作費が面白さに直結しない。

もちろん、配信の方が地上波よりも制約が少ないことが多く、実現できる企画の幅が広い可能性はある。ただ、それを上手く生かした形でバラエティを作ることに成功しているケースはそこまで多くはない。

さらに言うと、そもそも収益構造としてバラエティはドラマに比べて儲かりづらいという問題がある。

ほとんどの地上波のバラエティ番組は一度見られて終わりという前提で作られていて、あとからDVDなどのソフトとして販売されることも少ない。見逃し配信サービスでもドラマほど見られることがないため、収益化をすることが難しい。

入場料を取るライブや舞台と違って、見られるたびに料金を徴収できるようなものではない。地上波で人気を博していて、それなりに多くの人に見られているバラエティ番組であっても、収益構造としては不安定だったりする。

今ドラマ業界では新しいことをやりたいという機運が高まっていて、制作現場も活気づいている。一方、バラエティは先行きが不透明で、苦しい状況にあるという。とある放送作家はこう言っていた。

「最近はドラマのスタッフの方が明るく元気で、どんどん新しいことをやろうというムードがあります。一方、バラエティのスタッフは話しても元気がないことが多いです」

もちろん、すぐにバラエティがダメになるわけではないが、ジャンル全体が行き詰まっていて大きな変革を必要としているのは間違いない。

ちなみに、そんな中でも、ダウンタウンや松本人志の携わる配信コンテンツは総じて高い評価を受けている。

『ドキュメンタル』はＡｍａｚｏｎプライム・ビデオを代表する人気コンテンツになっているし、ＴＶｅｒでは『水曜日のダウンタウン』が高い人気を誇っている。

ダウンタウンが久しぶりに漫才を披露した「吉本興業創業１１０周年特別公演　伝説の一日」というイベントも話題になり、配信コンテンツが大いに売れた。

さらに言うと、松本が企画・プロデュースしたコンテンツは海外にも輸出されている。『ドキュメンタル』はすでに世界約20カ国でフォーマット展開されているし、同じくＡｍａｚｏｎプライム・ビデオで配信されている『ＦＲＥＥＺＥ』も、ポルトガルの最大手テレビ局ＴＶＩに販売された。

大喜利、『笑ってはいけない』シリーズ、『人志松本のすべらない話』、『ドキュメンタル』など、松本が手がけるお笑いの企画はシンプルでわかりやすいので、あらゆる文化や国籍の人に伝わる普遍性を備えているのだろう。

長年テレビを中心に仕事をしてきた松本は、意外にも配信時代に適応した優秀なコンテンツメーカーなのだ。仮に今後テレビに出られなくなったとしても、配信の世界で仕事をする余地は残されているのかもしれない。

テレビ局を飛び出すテレビマンの増加

右肩下がりの苦境に置かれている昨今のテレビ業界では、テレビ局を離れて独立する人が目立っている。

もともとテレビ局の社員が退社や転職をすること自体は珍しいことではなかったのだが、近年は誰もが知るような人気番組を手がける現役のテレビマンが、続々と独立を果たして話題になっている。これは今までにはなかった現象である。

たとえば、2021年3月には『ゴッドタン』などを手がける佐久間宣行が、2022年6月には『ハイパーハードボイルドグルメリポート』などを手がける上出遼平が、それぞれテレビ東京を退社した。

2022年12月には『あざとくて何が悪いの?』『あいつ今何してる?』などを手がける芦田太郎がテレビ朝日を退社して、Amazon Studiosに転職した。同じく2022年12月には『有吉の壁』『有吉ゼミ』などを手がける橋本和明が日本テレビを退社した。

さらに、2023年2月には『家、ついて行ってイイですか？』などを手がける高橋弘樹がテレビ東京を離れて独立した。

彼らはいずれも退社時点で30〜40代であり、制作現場の第一線にいる現役のテレビマンだった。当然ながら仕事に見合うだけの十分な収入は得ていただろう。

多くの視聴者に愛される人気番組を制作してきたテレビマンであれば、会社側の期待も大きいだろうし、それなりの待遇も約束されていたはずだ。なぜそんな職場を捨てて、独立の道を選ぶ人が相次いでいるのだろうか。

もちろん個々人によって事情は異なるが、彼らの多くが語るのは「現場にずっと携わっていたいから」ということだ。

ディレクターとして番組を作ってきた人は、その仕事に愛着があり、長く続けていきたいと考えている。しかし、テレビ局という組織の中でキャリアを重ねると、管理職に就くことを求められたり、部署を異動することになったりする。その結果、現場に携わることができなくなってしまう。

現場にずっと残りたいのであれば、フリーのプロデューサーやディレクターとして外部から番組作りにかかわっていくしかない。そう考えて独立の道を選択するテレビマンはこれまでにも存在していた。

しかし、最近の相次ぐ大物テレビマンの独立の動きを見ていると、単にこれだけが理由ではないような気がする。

第一に考えられるのは、ここ数年で地上波テレビ以外の映像コンテンツの可能性が大きく広がったことだ。

一昔前までは、地上波のバラエティ番組のようなエンタメ系の映像コンテンツというものが、テレビ以外の場所にはほとんど存在していなかった。しかし、現在では数々の映像配信サービスやウェブメディアがあり、そこでエンタメ系の映像コンテンツが大量に作られ、配信されている。その制作費も地上波テレビに見劣りしないものだったりする。そこに可能性を感じて、地上波テレビ以外の映像制作の道を選ぶ人は多い。

また、あまり表立って語られることはないが、彼らがテレビ局の将来性に不安を感じたり、古い考え方についていけないと見切りをつけたりしている、という事情もありそうだ。その典型的な例であると思われるのが、テレビ東京を退社した上出遼平と高橋弘樹である。

上出は、テレビ東京在籍中に講談社の文芸誌『群像』2021年4月号で「僕たちテレビは自ら死んでいくのか」と題した文章を発表した。そこでは、彼がテレビ東京で音声コンテンツの制作を行った際に、社長の判断でそれがお蔵入りになってしまった、という件について書かれていた。

上出は、きちんとした理由の説明や議論の余地もないまま、何カ月も判断を保留された挙げ句、一方的にお蔵入りを告げられたことに不満を感じていた。そこで、事の顚末と自身の主張をまとめた告発文を『群像』に寄稿することにした。しかも、テレビ東京の事前チェックを入れず、個人的な判断だけでそれを公開していた。

当然、この行為は局内でも問題視されたに違いない。その後、程なくして彼はテレビ東京を退社して、ニューヨークへと飛び立っていった。現在では映像制作や執筆業などを行っている。

また、高橋弘樹は、退社する前に「日経テレ東大学」というYouTubeプロジェクトに携わっていた。

日経テレ東大学は、テレビ東京のグループ会社である日本経済新聞社の新事業として2021年に始まった。ビジネスや経済にまつわるニュースや情報を楽しく学べるというのがコンセプトだった。経済学者の成田悠輔、2ちゃんねる創設者のひろゆき（西村博之）などを起用して、ビジネスパーソンを中心に幅広い層からの支持を集め、チャンネル登録者数は100万人を超える人気コンテンツに成長していた。

だが、テレビ東京は「日経との契約満了」を理由に、2023年3月にこのチャンネルの更新を突然終了してしまった。5月31日にはアーカイブもすべて削除された。同年2月末には高橋もテレビ東京を退社している。

テレビ東京と日本経済新聞社がこの人気プロジェクトを打ち切った理由は明らかにされていない。これに不満を感じた高橋はテレビ東京を辞めてしまった。

その後、独立した高橋は新たにビジネス系YouTubeチャンネル『ReHacQ - リハック -』を立ち上げた。現在ではこちらもチャンネル登録者数97万人を超える人気チャンネルに成長した。

　この2つのケースを見ると、テレビ局という巨大メディアの「組織の論理」の息苦しさに耐えられなくなった気鋭のクリエイターたちが、沈む船から逃げるネズミのように自由を求めて立ち去っていく姿がうかがえる。

　テレビ局を離れたテレビマンの中には、引き続き地上波の番組作りに携わる人もいるが、ウェブメディアなどの新しい媒体でコンテンツ制作を行っている人も多い。

　実際、ＹｏｕＴｕｂｅにもテレビ制作者がどんどん参入している。芸能人のＹｏｕＴｕｂｅチャンネルでは、テレビ制作の経験があるディレクターや作家が制作に携わっているケースが多いし、それ以外でも元テレビマンがＹｏｕＴｕｂｅで成功を収めているケースはたくさんある。

　エンタメ系の映像コンテンツの世界でテレビ局がいまだに大きな影響力を持っていることに変わりはない。しかし、そこで映像制作のノウハウを身につけたテレビマンが、ほかの分野に進出する事例は相次いでいる。今後はそこから新しいコンテンツが生まれ、文化が育っていくのだろう。

人気番組や話題作を多数生み出している優秀なテレビマンが、続々とテレビ業界に見切りをつけているというのは、テレビの衰退を改めて浮き彫りにする事実であると言える。

演者とテレビマンを兼務する佐久間宣行の快進撃

元テレビ東京プロデューサーの佐久間宣行は、テレビバラエティが好きな人の間では以前からよく知られた存在だった。

佐久間の代表作と言えば、2005年に始まって今も続いている深夜の人気番組『ゴッドタン』である。おぎやはぎ、劇団ひとりがレギュラーを務め、深夜にふさわしい実験的で濃密な笑いを提供してくれる本格志向のお笑い番組である。

番組の内容が多くの視聴者に評価されているだけではなく、いまや『ゴッドタン』という番組自体が1つのブランドとして人気を確立している感がある。

番組企画の「キス我慢選手権」が映画化されたり、「マジ歌選手権」という企画を発展させた形の音楽イベントがさいたまスーパーアリーナや日本武道館で行われたりもしている。

佐久間は『ゴッドタン』以外にも、『ウレロ☆未確認少女』『青春高校3年C組』『あちこちオードリー』など数多くの番組を手がけてきた。出演する芸人の個性にマッチした企画作りに定評がある。

そんな彼が、いつのまにか番組の作り手という枠を超えて、演者として表舞台に出る機会が多くなってきた。

彼は、芸人のラジオ番組に飛び入り出演したのがきっかけで、テレビ東京在籍中にニッポン放送『オールナイトニッポンR』のパーソナリティに抜擢された。そこで披露された巧みなトークが評価され、2019年4月には『佐久間宣行のオールナイトニッポン0』が始まった。現役のテレビ局員が『オールナイトニッポン』のレギュラーパーソナリティを務めるのは初めてのことだった。

テレビマンとして培ってきたコネクションを活用して、千鳥、Creepy Nuts、オードリーの若林正恭といった豪華なゲストを招いたりしたこともあり、番組の人気は安定したものになった。

テレビ東京から独立してからは『オールナイトフジコ』『伊集院光&佐久間宣行の勝手に「テレ東批評」』などのテレビ番組にもレギュラー出演している。

これまでにもテレビマンが演者として表に出ることがなかったわけではない。だが、過去に出ていた人の大半は、テレビ局に所属してないフリーの放送作家や脚本家であり、佐久間のようなディレクターやプロデューサーではなかった。

放送作家はテレビの企画を考えたり、台本を書いたりするのが主な仕事である。売れっ子になると複数の番組を掛け持ちするのが普通であり、あちこちの局を駆けずり回ってアイデアを出したり、ディレクターの相談役になったりする。

あくまでも番組作りの補佐役のようなところがあり、ディレクターのように実際に収録・撮影・編集などを行うわけではないので、ある程度は自由に動ける立場にある。

一方、佐久間はディレクターやプロデューサーとして制作に携わっている。制作現場の最前線で打ち合わせを繰り返し、演出プランを練り、編集に立ち会う。ディレクターは映画で言えば映画監督にあたり、番組内容に責任を負う仕事だ。タレント業と簡単に両立できるようなものではない。

でも、佐久間はいつの間にか演者として表にも出る人間になっていた。そういうポジションに就いてからも芸能人っぽさを醸し出すことはなく、あくまでも自分は作り手の1人であるというスタンスを崩さない。

しかも、演者とテレビマンの二足のわらじを履く多忙な日々を送りながらも、膨大な量の作品をインプットし続けている。演劇、映画、ドラマ、漫画、音楽などに幅広く興味を持ち、多くのコンテンツに触れている。そういうものがきっかけで企画のアイデアを思いついたり、キャスティングを考えたりすることもあるという。

独立してからはクリエイターとしても今まで以上に多方面で活動している。テレビ東京以外の局で番組を作ったり、Ｎｅｔｆｌｉｘの『トークサバイバー！～トークが面白いと生き残れるドラマ～』『ＬＩＧＨＴＨＯＵＳＥ～悩める2人、6ヶ月の対話～』、ＤＭＭ ＴＶの『インシデンツ』などの配信コンテンツも手がけている。

自身のラジオ番組では、番組制作の裏側について語ったり、最近見た作品を紹介したりもしている。そんな佐久間の話に聞き入る熱心なファンも多い。２０２２年の『Ｍ－

1グランプリ』では、ウエストランドがそんな佐久間ファンの心酔ぶりをを揶揄するような漫才を披露していた。漫才のネタにされるほど、佐久間という存在はお笑い界やテレビ界にとって無視できないほど大きいものになっている。

佐久間はテレビ界の救世主となるか

この空前絶後の「佐久間ムーブメント」がテレビ業界にもたらしたものは大きい。大げさに言えば、彼こそがテレビの命運を握っている存在ではないかと考えている。

佐久間はテレビマンやテレビタレントであるのと同時に「エンタメのキュレーター」としても一目置かれている。テレビに限らず幅広い分野のエンターテインメントに精通していて、今も積極的にインプットを続けている。

たとえ現役のテレビ制作者であっても、キャリアを重ねて忙しくなってくると、新しいものをチェックするのが煩わしくなったり、インプットが疎かになったりするものだ。でも、佐久間は今でも最新のエンタメ作品に触れているし、それを心から楽しんでいる。

自分が見てきたドラマや演劇から新しい才能を発掘することがあるのはもちろん、常に最新のものをチェックしているので、感性が古くならない。

佐久間は、飾らない語り口でテレビの裏側を語ったり、エンタメ作品の面白さをまっすぐに伝えたりして、視聴者と業界をつなぐ役目を果たしている。

いまやオールドメディアとなったテレビは、多くの人に嫌われたり、不信感を持たれたり、時代遅れだと思われたりしている。佐久間は作り手の立場からテレビ文化の魅力を伝えて、テレビの良い部分をアピールしている。

また、演劇や音楽などのほかの分野とも積極的にコラボレーションすることで、テレビとそれらの分野を橋渡しする役目も担っている。

本章で述べた通り、テレビ業界全体が右肩下がりの状況にあるし、中でもテレビバラエティは苦しい立場に置かれている。

テレビが苦境に置かれているときに、面白い番組を作り、面白いものを紹介したり発信したりすることでテレビを擁護するのは、作り手としての重要な役割だ。

佐久間というキャラクターを通して、テレビにそこまで愛着のない若者でもテレビの世界に興味を持ち、バラエティを好きになり、熱心に追いかけるようになったりする。彼こそは時代が求めていた逸材なのだ。

1975年生まれの佐久間自身は、華やかな時代のテレビに魅了され、それに慣れ親しんできた。80~90年代当時のテレビは、最先端の流行情報を提供するメディアとして機能していた。福島県の片田舎で生まれた佐久間は、そこから最新のカルチャーを学んできた。

現在のテレビは、どこか別の場所で生まれたトレンドを後追いするダサいメディアに成り下がっているところがある。

佐久間はそこにあえて抵抗して、新しい人材を積極的に起用したり、時代の流れに乗った企画を行ったりすることで、あの頃のテレビの魅力を取り戻そうとしている。

今の佐久間はただのテレビマンや文化人タレントではなく、その活動全体を通じてテレビの面白さを広めようとしている。彼こそが、斜陽のテレビ業界の救世主となるかもしれない。

第5章

お笑いはどこへ向かうのか

松本騒動でお笑い界は「幕末」に入った

お笑い専門ニュースサイト『お笑いナタリー』で連載されている対談記事の中で、ウエストランドの井口浩之はこんなことを言っていた。

松本（人志）さんのこともあったからか、幕末みたいな感じになってきていますよね。何が残って、何が滅ぶか全然わからない。けっこう動乱の世に突入している感じはします。

（ウエストランド井口と作家飯塚が語る「2024年1月のお笑い」／『お笑いナタリー』）

これを読んだとき、「幕末」という言葉が妙にしっくりきた。もともとお笑い界では

「天下を取る」という表現もよく使われているので、まさに幕末という表現がふさわしい。

絶対的なボスだと思われていた松本が芸能活動を休止したことで、長く続いていた体制が終わりを迎えて、さまざまな形で新しい動きが起こっている。ちょうど歴史の節目に立ち会っているような感じがする。

本章では、最近のお笑い界で起こっているいくつかの新しいムーブメントを取り上げていく。それらを紹介しながら、その現象はなぜ起こっているのか、その結果としてお笑い界はどうなっていくのか、ということについても考察する。

一発屋芸人が出て来ない理由

ここ数年のお笑い界は、全体としては活気づいている。ベテランから若手まで幅広い世代の芸人が続々と出てきているし、個々人がそれぞれの芸風や適性に合わせてテレビ、ラジオ、ＹｏｕＴｕｂｅ、ライブなどで活躍している。

ただ、一歩引いて世間一般の目線からお笑い界を眺めてみると、「一発屋芸人」と呼ばれるような華々しい大ブレークを果たしている芸人が、近年ほとんど出てきていないことに気付かされる。

「ゲッツ」のダンディ坂野、「そんなの関係ねえ」の小島よしおのように、特定のキャラやギャグで人気に火が付き、どの番組に出てもそれを求められる、という感じの芸人が現時点では存在しないし、ここ数年でもほとんど現れていない。なぜ一発屋芸人は減ってしまったのだろうか。

理由は大きく分けて3つ考えられる。1つは、そういうタイプの芸人を育てる番組が減っていることだ。

一発屋芸人が大量に輩出されていたのは、2000年代後半のお笑いブームの時期である。この頃には、プライムタイムに『エンタの神様』(日本テレビ系)や『爆笑レッドカーペット』(フジテレビ系)といったネタ番組がレギュラー放送されていて、芸人が大量に出ていた。

のちに一発屋芸人と呼ばれた芸人の多くは、これらの番組から世に出てきた。そこで何度もネタを披露することでキャラやギャグが認知されて、その実績をベースにしてほかの番組にもどんどん出ていくという流れがあった。

最近のテレビではそのような影響力の大きいネタ番組が存在していない。そのため、特定の芸人がある番組で注目されて一時期だけ話題になることはあっても、その波がほかの場所まで広がりにくい。

いわば、『エンタの神様』や『爆笑レッドカーペット』は、芸人が大空へ飛び立つ前の滑走路のような役割を果たしていた。昔は滑走路に十分な長さがあったからこそ、彼らはその後で高く飛ぶことができた。現在は滑走路が存在しないか、あってもごく短いものに限られているため、「一発屋芸人」とのちに呼ばれるほどの大きい「一発」を放つこと自体が難しくなっている。

また、ネタ番組に限らず、無名の芸人が起用されるような番組が極端に少なくなっていることも原因だ。

最近の若手芸人の大半は、漫才師であれば『M－1グランプリ』を、コント芸人であれば『キングオブコント』を第一の目標にする。なぜなら、彼らが世に出るためのチャンスがそのような賞レース番組しかないからだ。賞レースで優勝したり、決勝に行って活躍したりすることができれば、そこからほかの番組に呼ばれる機会も増える。

しかし、何も実績を残していない芸人は、どんなに面白くてもテレビに出るきっかけそのものをつかむことができない。だから、若手芸人は問答無用で賞レースに挑むしかない状況に陥っている。

今の時代に賞レース以外で若手芸人が世に出られる唯一の機会と言えるのが、毎年1月1日に放送される『ぐるナイ』の特番『おもしろ荘』(日本テレビ系)である。ここでは毎年、新しい若手芸人が数組出演して、ナインティナインらの前でネタを披露する。最近でも、やす子やぱーてぃーちゃんがこの番組をきっかけにブレークを果たしている。

この番組は正月特番ということもあって注目度は高いし、何組かの売れっ子を輩出している。しかし、これは原則として年に一度の特番であり、出られるのもわずか10組前後という狭き門である。

無名の芸人が世に出るチャンスがいくつかの賞レース番組と『おもしろ荘』しかないというのは、厳しい状況であるのは間違いない。

２つ目の理由は、芸人がすぐにキャラをはぎ取られてしまう風潮があるということだ。『エンタの神様』や『爆笑レッドカーペット』はネタ番組なので、そこに出る芸人はネタを見せるだけであり、トークをすることはない。

どんな性格か、どんなことを考えている人なのか、といった素顔の部分を見せる必要はなかった。そのため、彼らは１つのキャラクターを貫いて、内面を見られない状態で世に出ることができた。

しかし、最近のバラエティ番組はトークが主体であるため、駆け出しの芸人がすぐにその素顔を暴かれてしまう。『ゴッドタン』（テレビ東京系）に最初に出たときのＥＸＩＴがその典型だ。

髪を染めてギャル男のようなチャラさを売りにしていた彼らは、初めて出たバラエティ番組でいきなり「実は真面目」という素顔を暴かれてしまった。それは、番組の性質上、避けられないことではあったのだが、そういう扱いをされると、芸人が１つのわかりやすいキャラクターを用意して、それを広めることができなくなってしまう。

つまり、「一発」が大きく打ち上がる前に別の角度ですぐに分析・解体されてしまうため、純粋な一発屋芸人が育ちにくくなっているのだ。

EXITの2人はキャラクターの裏にある本人たちの素顔に近い部分でも人を惹きつける魅力を持っていたため、その後も生き延びることができた。ただ、これはまれなケースである。現在の環境では、キャラクターが独り歩きして爆発的に売れるようなパターンが生まれにくくなっている。

3つ目の理由として、子供や若者のテレビ離れというのも考えられる。娯楽が少なかった時代には、多くの子供や若者が流行の発信源であるバラエティ番組を欠かさずチェックしていた。

だが、今はそのような風潮がなくなりつつある。テレビを見ないでYouTubeばかり見ている若い世代は珍しくない。

一発屋芸人が世の中に広がるためには、子供や中高生がその人のことを話題に出したり、真似したりするというのが不可欠だ。今でもそういうことがないわけではないのだが、子供が見られる時間帯に放送されるネタ番組がほとんどないため、そこから芸人が出てくることがない。

ある程度まで売れる芸人はいても、それが大ブレークにまでつながらないのは、広げるための媒介となる子供や若者がテレビを見なくなっているというのが大きいのではないか。

ＹｏｕＴｕｂｅやＴｉｋＴｏｋなどのウェブ系の動画メディアでは、見る人の嗜好に合った動画が自動的に表示されるようになっているし、気に入った動画があれば、その関連動画や同じクリエイターの動画を１００本でも２００本でも一気に見られる。好きな動画を繰り返し見ることも簡単にできる。若者を中心に、人々の興味や関心がネットに移っている今の状況では、テレビから大きなムーブメントを起こすことが難しくなっている。

一発屋芸人が出てこないことは、必ずしもお笑い界にとって悪いことではない。そもそも「一発屋芸人」とは一種の蔑称であり、そのように名指しされて良い気分がする人はいない。

芸人が内面を掘り下げられる前に飽きられてテレビから消えてしまうというのは、本人にとっては不本意なことだろう。

ただ、一発屋芸人というのは、お笑い業界が盛り上がっていることを示す象徴的な存在だ。そういう人が出てきていないというのは、大衆文化としてのお笑いが危機に瀕しているということでもある。

一発屋芸人はテレビの衰退とともに滅びていく運命にあるのかもしれない。

芸人が裏側を語る時代

最近では、お笑いを楽しむ人々が、表向きに提供される芸の部分だけではなく、芸人の裏側の部分に興味を持つようになっている。それを象徴する現象が3つある。

1つ目は、芸人が自分の笑いの技術や生き残るための戦略などを赤裸々に語るような番組や企画が増えていること。

2つ目は、芸人が裏で努力している姿を見せるようなドキュメンタリー系の番組や企画が人気を博していること。

3つ目は、いま活躍している芸人の人生を題材にしたドラマや映画が増えていること。

それぞれについて簡単に説明した上で、なぜそういう現象が起こっているのかを考えることにする。

まず、１つ目について。一昔前までのテレビの世界は、一般庶民が憧れの眼差しを向ける夢の舞台だった。

そこで放送されるバラエティ番組は一種の「ショー」として視聴者を魅了していた。当然、視聴者が目にするのはその舞台の華やかな表の部分だけであり、楽屋裏を覗くようなことはできなかった。その時代には、芸人もテレビの中で裏側の部分を語るようなことはほとんどなかった。

だが、２０００年代に入ったあたりから徐々にその不文律が破られ、芸人たちがトーク番組で笑いのテクニックなどを語るようになった。

そのきっかけの１つが『アメトーーク！』（テレビ朝日系）で品川庄司の品川祐がプレゼンして実現した「ひな壇芸人」という企画である。

この回では、ひな壇に座ってトークをすることを生業《なりわい》としている芸人たちが集まり、そこで必要とされる能力や自分が目立つためのテクニックについて事細かに語った。それは本来ならばテレビを見る側には関係のない話である。

だが、この番組ではそれをあえて表舞台で見せた。こういう企画によって、視聴者はテレビの向こう側に知られざる「職人の世界」があるということを学んでしまった。

これ以降、テレビでは芸人が裏の部分を見せるようなトーク番組がたびたび放送されるようになった。

現在、このジャンルで最も注目を集めている番組が、2019年に始まった『あちこちオードリー』（テレビ東京系）である。この番組のプロデューサーの佐久間宣行がMCに起用したのがオードリーの2人だった。

オードリーの若林正恭は、相手に寄り添って話を聞く能力が高く、自分の興味に従って質問を投げかけて、相手の本音を引き出すことができる。一方、相方の春日俊彰は明るく微笑み、ゲストが何でも話しやすい雰囲気を作っている。

この番組では台本もなく、現場でディレクターから「こういう質問をしてください」といった指示が出ることもない。若林自身が知りたいことや疑問に思うことをゲストにぶつけていく。

彼は単に聞き上手であるだけでなく、自分の中の純粋な興味や関心からゲストに向き合っている。若林自身がテレビの仕事で悩んだり考えたりした経験があり、その実体験に基づいて話を聞いているのでピントを外すことがない。

ほかの番組では聞けないゲストの本音が聞けたり、ディープなテレビ論・お笑い論・仕事論が展開されたりすることもある。照準を絞ってどこまでも話を掘り下げていくところにスリリングな面白さがある。

若林はラジオ番組の『オードリーのオールナイトニッポン』（ニッポン放送）でも、仕事での悩みや不満を赤裸々に語るスタイルで人気を博している。

芸人が単に裏側を話すだけでは業界人向けの内輪ネタになってしまうおそれもある。だが、若林の巧みなリードによって、それが多くの人にとって興味深いものになるし、そこからお笑い以外のビジネスや人付き合いにも応用できるような教訓を学べたりもする。

聞き手としても語り手としても唯一無二の能力を持つ若林は「芸人裏側語りブーム」のキーパーソンなのだ。

『M-1』が芸人ドキュメンタリー文化を広めた

次に、芸人ドキュメンタリーが人気を博していることについて。これに関しては明らかに『M-1グランプリ』の存在が大きい。

『M-1』がこれほどのビッグコンテンツに成長したのは、それがただの漫才の大会ではなく、極上の人間ドラマでもあったからだ。『M-1』では、そこに挑む芸人たちの舞台裏にも密着して、彼らの陰の努力や並々ならぬ意気込みを視聴者に伝えてくれる。

優勝が決まった瞬間、芸人たちは涙を流したり抱き合ったりする。彼らが人生を懸けて本気で挑んでいるからこそ、そこにドラマが生まれる。それが人々を魅了してきた。

『M-1』はその後に出てきたお笑い賞レースにも大きな影響を与えた。ほとんどの賞レースが『M-1』の路線を引き継いで真剣勝負としてのお笑いを見せようとしている。

本来、お笑いというのはあまり肩肘張って真面目に見るようなものではない。でも、『M-1』が「緊張感のあるお笑いバトル」の面白さを世に広めたことで、お笑い賞レースの世界ではそれが主流になった。

ＹｏｕＴｕｂｅでも、ドキュメンタリー的な手法を取り入れたお笑いコンテンツが存在する。たとえば、２０２２年に解散したお笑いコンビ・オジンオズボーンは、解散を発表した後に「終活」と称して、ＹｏｕＴｕｂｅでさまざまな企画を行っていた。ほかの芸人を聞き役にして解散に至るまでの経緯を語った動画は業界内でも話題になっていた。

この企画に限らず、芸人が仕事上の深刻な問題を人前でエンターテインメントとして見せようとする試みはしばしば行われている。

そういうものが一般的になったのは、ＹｏｕＴｕｂｅなどの環境が整って発信がしやすくなったということに加えて、芸人にドキュメンタリー性を求めるようになってきた時代の流れもあるのだろう。

芸人の生き様がドラマになる

最後に「芸人ドラマが増えている」という現象について。この分野で特に話題になっていたのは、2023年放送の若林正恭と山里亮太の半生を描いたドラマ『だが、情熱はある』(日本テレビ系)である。

若林と山里は「たりないふたり」というユニットとして番組やライブに出ていたこともあり、ほぼ同世代のライバルとしてしのぎを削ってきた。このドラマでは、そんな彼らのこれまでの生い立ちや芸人として苦労を重ねた日々が描かれていた。

同じ日本テレビの朝の情報番組『ZIP!』の中で、お笑いコンビ・錦鯉の半生を描くドラマ「泳げ!ニシキゴイ」が放送されていたこともあった。

また、同じく2023年には安田大サーカスのクロちゃんの半生を描いたドラマ『クロちゃんずラブ~やっぱり、愛だしん~』(Paravi)も配信開始された。

これらだけでなく、近年の映像業界では芸人の半生をドラマ化するような企画がたびたび行われている。Ｎｅｔｆｌｉｘでは、ビートたけしの自伝をもとにした『浅草キッド』、ジミー大西の半生を描いた『Ｊｉｍｍｙ～アホみたいなホンマの話～』が配信されているし、２０２１年にはフジテレビで志村けんの芸人人生を描いた『志村けんとドリフの大爆笑物語』が放送された。

このような芸人を題材にしたドラマが増えている理由は、今の時代には芸人が最もメジャーで最も身近な有名人であり、人々がその人生にも関心を持っているからだ。

たとえば、大河ドラマなどの歴史上の人物を題材にしたドラマに根強い人気があるのは、その人物が成し遂げたことや時代背景について、ある程度の共通認識があるからだ。

現代の芸人とは、歴史上の人物と同じような存在である。人々はテレビを見て彼らの芸を楽しむだけではなく、彼らの人生そのものをドラマとして味わっているようなところがある。

ビートたけしなら、フライデー事件とバイク事故の二度の危機を乗り越えて復活したこと。明石家さんまなら、大竹しのぶとの結婚と離婚。タモリなら、赤塚不二夫との師弟関係。それぞれの芸人にはそれぞれのドラマがあり、「伝説」として人々の記憶に刻まれている。それをドラマの形で改めて楽しみたいと思う人がいるのは不思議なことではない。

また、芸人は自伝本を書いていたり、エッセイを出版していたりすることもある。そこでは彼らの普段考えている本音が赤裸々に語られたり、過去の出来事に触れられたりしている。こういう本の中には話題作や名作も多く、そういうものが映像化の際に魅力的な題材になることもある。『だが、情熱はある』も、若林と山里の著書を読んだプロデューサーが、それをドラマ化することを思いついたのが企画の発端だったという。人々の価値観が多様化して、誰もが知る有名人や誰もが憧れるスターがいなくなった今の時代に、芸人だけはテレビを中心にしたエンターテインメントの世界にしっかり根を張っていて、人間として注目されている。

この3つの現象をまとめると、お笑いというジャンルでは、芸そのものだけではなく、それを演じる芸人の生き様に多くの人が興味を持っている。そして、その傾向が年々強まっている。

昔の芸人は、舞台の上で芸だけを見せれば良かった。でも今は、ある程度は素顔を見せたり、裏側の部分を明かしたりしなければいけない。そこも含めて「お笑い」というものが成り立っている。

１９７０年代に一世を風靡した萩本欽一は、アドリブを駆使して共演者や一般人を追い込んで、人間の素の部分を見せて笑わせようとした。当時はそれが斬新だった。

１９８０年代に大ヒットした『オレたちひょうきん族』（フジテレビ系）では、ビートたけしや明石家さんまがコントの中でお互いの秘密を暴露したりして、楽屋裏を見せているような会話をするのが画期的だった。

今の時代には芸人は裏を見せるのが当たり前になっていて、その見せ方や見せる内容にも無数のバリエーションがある。

芸人が生き様そのものをエンターテインメントにする風潮は今後も続くだろう。

ポストコロナ時代の大規模フェスの増加

２０２４年に入って、お笑い界では万単位の人々を動員する大規模なライブが立て続けに行われた。

2月には福岡PayPayドーム（現・みずほPayPayドーム）で『博多華丸・大吉 presents 華大どんたく supportedバイ 洋服の青山』が行われた。これはコンビ結成33周年を迎えた博多華丸・大吉が、地元である福岡と、自分たちを支えてくれたすべての人への愛を込めて、人脈をフルに生かして手がけた大型イベントだった。彼らは「愛と人脈の総力戦」とうたっていた。

ナインティナイン、中川家、かまいたち、見取り図、令和ロマンをはじめとして、主に吉本興業の芸人が集結して、ネタを演じたり、大喜利に挑んだり、歌を披露したりした。開会宣言を務めたのは明石家さんまだった。

バカリズム、原口あきまさ、どぶろっくなど、吉本興業以外の事務所の芸人も参戦していた。朝から夜まで丸一日にわたって行われたこのイベントは、もはやライブというよりもフェスと呼ぶべき内容。改めて吉本興業の底力を見せつける巨大イベントだった。

1月には横浜アリーナで『男・出川哲朗 還暦祭り in 横浜アリーナ』という出川の還暦記念イベントが行われた。2月には日本武道館で、バナナマンのコントに登場するキャラクターであるフォークデュオ・赤えんぴつが出演する『赤えんぴつ in 武道館』が開催された。

さらに、2月には東京ドームにて『オードリーのオールナイトニッポン in 東京ドーム』というイベントが行われた。これはオードリーのラジオ番組『オードリーのオールナイトニッポン』（ニッポン放送）のイベントである。芸人のライブとしては史上最多の5万人を動員するビッグイベントだった。

一般的な感覚では、人気のある芸人ほど収容人数の多い大きな会場でイベントをやるのが当然だろうと思われるかもしれない。だが、実際はそうではない。なぜなら、原則としてお笑いは大きすぎる会場には向かないとされているからだ。

数千人から数万人の規模の大会場で漫才やコントを演じると、音が反響して聞き取りにくくなるし、細かい表情や動きも見づらくなる。その状況では純粋にネタを楽しむのが難しい。

そのため、お笑いライブが行われる会場は、数十人から数百人程度のキャパシティであることが多い。最大でも千人前後が限界である。それはお笑い業界の人間やお笑いファンであれば誰でも知っていることだ。

そうであるにもかかわらず、最近になって大規模なお笑いイベントが増えているのはなぜなのか。

最大の理由は、新型コロナウイルスの流行が落ち着いて、人々のライブへの需要が高まってきたことだ。マスク生活から解放されて、どこか外に出て思い切り笑って楽しみたい。大型お笑いイベントはそういう人たちの需要に応えているのではないか。

また、大型お笑いイベントの中には、テレビ局やラジオ局などが主催する番組イベントがある。テレビやラジオなどのマスメディアは危機に瀕しているため、スポンサーからの広告収入以外の収益源を求めている。

そのため、今まで以上にイベントを主催したり、そこでグッズを販売したりすることに力を入れるようになっている。

さらに言えば、吉本興業が地方創生に力を入れていることも見逃せない。各都道府県に地元の情報発信を任務とする「住みます芸人」を配置したり、沖縄で「沖縄国際映画祭」を開催したり、地方を盛り上げることに積極的に取り組んでいる。前述の『華大どんたく』なども、そんな地方創生事業の一環であると考えられる。東京以外の地域で行われる大型お笑いイベントには、そういう意義もあるのだろう。

もともとお笑いライブというのは、音楽のライブに比べるとややマイナーな文化だ。小さいライブハウスなどで行われることが多く、情報を集めるのも難しいため、どうしても熱心なファン以外には敷居が高いところがある。

でも、大きい会場のお笑いイベントであれば気軽に参加しやすい。テレビで見たことがあるような有名な芸人も出演するということであれば、参加へのハードルはぐっと下がる。

これは音楽フェスと音楽ライブの関係に近い。フジロックやサマソニなどの大規模な音楽フェスは、ディープな音楽好きばかりが足を運ぶわけではない。もっとライトな感覚でイベントの雰囲気を楽しむために行くという人も多い。

そもそもお笑いというのは生で見て楽しむのが本来のあり方だ。テレビやＹｏｕＴｕｂｅなどの映像だけでは伝わり切らない面白さがある。

しかし、お笑いライブにはキャパシティの限界があり、小さめの会場で行われることが多いため、初心者が情報を調べて気軽に足を運ぶことが難しい。大規模なお笑いイベントはそういうライト層の需要に見事に応えているのではないか。

大型お笑いイベントは、もともとライブで楽しむものだったお笑いという分野で、新たな楽しみ方を提供することに成功した。音楽フェスに参加するような感覚で気楽に笑って楽しんで盛り上がれる。ポストコロナ時代にふさわしい新たなエンタメの形として、大規模お笑いフェスは今後もますます盛り上がっていくだろう。

大学お笑い出身芸人の増加で勢力図が変わる

ここ数年、お笑いの世界で「学生芸人」という言葉をよく耳にするようになった。学生芸人とは、人前でコントや漫才などのネタを披露する活動を行っている高校生や大学生のこと。主に大学のお笑いサークルに所属して、ライブに出演したりコンテストに参加したりする現役学生のことを指している。

学生芸人が注目されるきっかけの1つになったのは、ラランドが世に出てきたことだ。

サーヤとニシダの２人から成るラランドは、もともと上智大学のお笑いサークル出身の学生芸人だった。彼らは２０１９年の『Ｍ－１グランプリ』で、アマチュアでありながら準決勝に進んで話題を呼んだ。

その時点でサーヤはすでに社会人だったが、ニシダは現役の大学生だったため、紛うことなき「学生芸人」だった。アマチュアが『Ｍ－１』の準決勝に進むだけでも珍しいのに、現役の学生芸人であるというのもめったにないことだったため、そのことがメディアでもよく取り上げられていた。

彼らに限らず、もともと学生芸人として活動していたプロの芸人は年々増えてきている。ナイツ、小島よしお、カズレーザーなどがその代表例である。

最近出てきた中でも、『Ｍ－１』王者のミルクボーイ、マヂカルラブリーの村上、令和ロマンなどが大学お笑い出身者である。

また、大学お笑い界の中でも名門と言われる特定のサークルから数多くの売れっ子が輩出されている。

たとえば、早稲田大学の名門お笑いサークル「早稲田大学お笑い工房ＬＵＤＯ」からは、『キングオブコント』準優勝のにゃんこスターのアンゴラ村長、『キングオブコント』優勝のハナコの岡部大、２０１８年に大ブレークしたピン芸人のひょっこりはんなどが出てきている。

大学のサークルでお笑いをやっているというと、遊び半分の軽いノリだろうと思う人もいるかもしれないが、学生たちは真剣にお笑いに取り組んで芸を磨いている。

今では多くの大学にお笑いサークルがあり、自分たちが主催するライブやコンテストなどを通じて、サークル同士の交流も盛んだ。その中で切磋琢磨することで、必然的に芸のレベルも上がっていく。

私自身も何度か学生芸人のお笑いコンテストの審査員を務めたことがある。大規模な学生お笑いコンテストの決勝に残るような芸人のネタは、本当にクオリティが高くて面白い。

学生芸人を経てプロになる人の強みは、豊富な舞台経験を持っていることだ。芸人の芸は現場で磨かれる。生の観客の前でネタを演じて、その反応を見てネタを調整していく。その過程を経て、舞台慣れをしていき、演技力が磨かれ、質の高いネタを作れるようになる。

しかも、そこには同じ学生芸人の仲間がいる。日常的に彼らと情報交換をしたり、ネタの相談をしたりすることで、プロの芸人の疑似体験ができる。プロとしてデビューする前にそれだけの経験を積むことができるメリットは計り知れない。

ただ、そうは言っても芸の道は険しい。お笑いを趣味でやっているアマチュア芸人と、それを生業とするプロの芸人の間には大きな壁がある。学生芸人として活躍していても、プロになった途端に伸び悩んで苦戦するケースもある。

そもそも一昔前までは、大学を出た若者が芸人を目指すこと自体が珍しかった。大卒という立派な学歴を持ちながら、あえて厳しい芸の道に踏み出す彼らは、より意識が高いとも言える。

ディープな野球ファンは、プロ野球だけでなく高校野球や大学野球にも注目していて、そこで未来のスター候補を見つけたりするのを楽しみにしている。

学生芸人の世界でもすでにそういう現象は起こりつつある。学生芸人の面白さに目覚めて、熱心にライブに通うファンもいるし、そこから次の令和ロマンやランドが出てくるのではないかと期待している人もいる。

お笑い界全体で大学お笑い出身者は増えているし、大卒者の割合も少しずつ増えている。そのことでお笑い界全体の空気も変わっていく可能性がある。

文部科学省が発表した2023年度の学校基本調査では、大学進学率は57・7％であり、8年連続で過去最高を更新した。いまや若者の2人に1人以上が大学に進学する時代なのだ。

一昔前までは、大学を出てお笑いの道に進む人はほとんどいなかったので、奇異の目で見られることが多かった。特に、偏差値の高い有名大学を出て芸人になるような人は、業界内では変わり者として扱われるようなところがあった。

今では世の中全体でも大学に進む人が多くなっているし、お笑い界でもそれが珍しいことではなくなった。

一流大学を出て就職もせずに芸人になるような人は、大企業に就職して安定した収入を得る道を捨てて、自分の夢を追っている。そういう人はお金のためにお笑いをやるのではなく、やりがいを求めて芸人の仕事をやっている。

学歴がない人が一攫千金を狙って芸人になる、というような現象が今では少なくなり、純粋にお笑いが好きな人がお笑いをやる時代になった。そのことでお笑い界の健全化がますます進んでいる。モテたい、稼ぎたいといった下心が入り込む余地がなくなり、純粋にお笑いを追求する人が増えていく。

一方、そのことでハングリー精神のようなものがなくなり、ガツガツしたタイプの芸人が減っていくおそれもある。

これから大卒者がどんどん増えることで、お笑い界の勢力図がどう変わっていくのか、そこでお笑いの中身にどういう質的な変化があるのか。今後はそれも気になるところだ。

「ビッグ3」と「第三世代」の失墜

松本人志の活動休止も含めて、ここ数年でお笑い界の勢力図が大きく変化している。象徴的なのは、80年代以降のテレビバラエティの中心的存在だった「お笑いビッグ３」のタモリ・ビートたけし・明石家さんまが明らかにパワーダウンしていて、活動を徐々に減らしていることだ。

中でも最年長のタモリはすでに「終活」モードに入っているようで、レギュラー番組が立て続けに終わっている。

2023年4月には『タモリ倶楽部』（テレビ朝日系）が、2024年3月には『ブラタモリ』（NHK）が終了した。いずれも長く続く人気番組だった。

タモリの現在のレギュラー番組は『ミュージックステーション』（テレビ朝日系）のみである。78歳という年齢を考えると、この番組が終わるときが事実上の引退になるのかもしれない。

80年代に権勢をふるい、間違いなくお笑い界の天下人だったビートたけしも、現在のレギュラー番組は『ビートたけしのTVタックル』（テレビ朝日系）、『世界まる見え！テレビ特捜部』（日本テレビ系）の2本のみとなった。ここ数年は映画製作や小説執筆などの創作活動に注力していて、テレビの世界からは距離を置いていた。

たけし自身はさまざまな場所で「テレビは金がもらえるからやっているだけ。本当にやりたいのは映画を撮ること」などと答えている。今後は今まで以上に自分自身のやりたいことを優先していくのだろう。

明石家さんまは前述の2人に比べると年齢も若いし、テレビでも精力的に活動している。ただ、近年では、さんまの考え方や価値観が古いと批判されることも増えてきている。

たとえば、2023年7月22～23日放送の『FNS27時間テレビ 鬼笑い祭』（フジテレビ系）では、この特番のかつての恒例企画だった「明石家さんまのラブメイト10」が行われたのだが、その内容に批判が殺到した。

「ラブメイト10」とは、さんまがそれまでの1年間に出会った中で魅力的な女性10人を紹介していくというもの。その中には芸能人もいれば、街で見かけただけの一般人もいる。

ここでは、今田耕司や岡村隆史といった共演者と共に、さんまが嬉々として女性の容姿を品定めするような言動を行っていた。

さんまがそういう女性好きのキャラクターを貫いてきたことは周知の事実だが、今の時代の空気としては、68歳の男性が自分の子供ぐらい歳の離れた若い女性について、あの子がかわいい、この子と付き合いたい、などと話しているのは時代錯誤な感じがする。

さんまの実力そのものが衰えているわけではないし、いまだに根強い人気もある。ただ、時代が移り変わり、彼自身も年齢を重ねている中で、今まで通りのキャラクターを演じることには無理があるのかもしれない。

そんな「お笑いビッグ3」の次の世代にあたるのが、とんねるず、ダウンタウン、ウッチャンナンチャンの「お笑い第三世代」である。彼らもそれぞれが天下人として君臨していたが、今ではそこまでの勢いはない。

とんねるずとウッチャンナンチャンは、コンビとしての活動がほとんどなく、個人活動がメインになっている。

『とんねるずのみなさんのおかげでした』（フジテレビ系）が2018年に終了したことで、とんねるずのコンビとしてのレギュラー番組は0本になってしまった。2024年11月8・9日に武道館でライブを行うことが発表されたことで、古くからのファンは歓喜している。

ウッチャンナンチャンの2人も、それぞれがMCとして活躍しているが、コンビとしての活動はほとんどない状態である。

その点、ダウンタウンはコンビとしてのレギュラー番組も多く、この世代の中では頭一つ抜けている存在だった。2人が揃ったときの安定感は唯一無二のものがある。だからこそ、松本が抜けたダメージは大きかった。松本が活動休止に入ったことで、ダウンタウンもとんねるずやウッチャンナンチャンと同様に個人活動中心のコンビになってしまった。

ダウンタウンがお笑い界のトップから退いたことで、新しい時代が始まろうとしている。

ここからは、そんな「ポスト松本時代」を象徴する新進気鋭の芸人として、筆者が個人的にも注目している霜降り明星と令和ロマンという2組の『M－1』王者を紹介する。彼らの最近の活動を振り返りながら、新しい世代の芸人の考え方や価値観に迫っていく。

霜降り明星は第七世代の不動のエースだった

2019年頃に「お笑い第七世代」と呼ばれる当時20代前後の芸人たちが一斉に注目されたことがあった。

霜降り明星は、そんな第七世代ブームの中心的存在であると同時に、そのブームの実質的な火付け役でもある。なぜなら、そもそも第七世代という言葉を最初に言い出したのは、霜降り明星のせいやだったからだ。

彼がラジオ番組の中で、自分たちの世代を指す言葉として「第七世代」という単語をぽろっと口にしたところ、それがあっという間に広まっていき、一大ムーブメントが生まれた。

せいや自身は、自分が何気なく発した言葉がどんどん独り歩きしていくことに戸惑っていた。ただ、時代の真ん中を射抜くような強い言葉をナチュラルに口にすることができたのも、彼のセンスによるものだ。

この件にも象徴されるように、霜降り明星の２人には圧倒的な「主人公」感がある。今の彼らは間違いなく同世代の芸人のトップランナーである。

若手芸人のホープとして結成当初から業界内で注目を集めていた彼らは、２０１８年の『Ｍ－１グランプリ』で優勝して、一気にブレークを果たした。

優勝の直後に第七世代ブームが起こり、彼らはその最前線に立って、寝る暇もないほどの怒濤の日々を過ごした。

さらに、ブームが落ち着いてからも彼らの勢いは衰えることがなかった。現在も『新しいカギ』『霜降り明星のあてみなげ』などのレギュラー番組を持ち、ラジオ番組のレギュラーも２本あり、ＹｏｕＴｕｂｅでもコンビのチャンネルと個々人のチャンネルで積極的に動画を公開している。

２０２１年からはピン芸日本一を決める『Ｒ－１グランプリ』でＭＣを務めているし、２０２４年７月放送の『ＦＮＳ27時間テレビ　日本一たのしい学園祭！』の総合司会にも抜擢された。テレビバラエティの一等地で司会を任される機会も増えてきている。

彼らはそれぞれが芸人として天才的な能力を持っている。

粗品は大喜利が得意で発想力に秀でている。そのセンスを生かしたフリップネタで『R－1グランプリ』でも優勝を果たしている。一方のせいやは、動き・表情・声色で笑いを取るのを得意としている。自分が見聞きしたものをそのまま記憶して再現できるという特技を持っていて、ものまねも上手い。

それぞれが優れた資質を持っていて、コンビ芸の漫才ではそれらの強みが見事に生かされていた。

そんな彼らは、『M－1』で優勝した直後は芸人としてそつなく王道を歩む優等生的なイメージがあった。

だが、彼らが本当の意味で覚醒したのはここからだった。いま振り返ると、霜降り明星として世に出たばかりの頃は、コンビとしての自分たちをアピールするために、ツッコミ担当の粗品があえて一歩引いてボケ担当のせいやの方を目立たせようとしていた気がする。

でも、ある時期から、粗品は自らヒールキャラの方向に舵を切っていった。彼のそういう部分が表に出たきっかけの1つは、2021年にテレビスタッフに激怒したという疑惑を報じられたことだった。

２０２１年7月8日公開の『週刊女性ＰＲＩＭＥ』の記事によると、レギュラー番組の『新しいカギ』の収録中に、用意された小道具のまな板が希望と違っていたため、彼がスタッフを叱りつけ、新しいものを買いに行かせたことで収録が3時間遅れてしまったのだという。

のちに番組内で先輩の今田耕司にこのことを尋ねられた粗品は「（週刊誌には）あることないこと書かれてますけどね。あれは全部ホンマです」と報道内容を認めるような発言をしていた。

仮に、粗品がこの件についてあからさまに否定したり、沈黙を貫いていたりしたのなら、彼の悪いイメージが定着してしまったかもしれない。

だが、粗品はこの前後の時期から、むしろ積極的に自分の中にあるブラックな部分を見せるようになっていった。そして、そういうところが評判を呼んだ。

もともとギャンブル好きだった彼は、競馬に惜しげもなく大金を注ぎ込み、膨大な額の借金を重ねるさまを自身のＹｏｕＴｕｂｅチャンネルで面白おかしくネタにするようになった。

大きなレースの前には自信満々に自分なりの予想を発表するのだが、それがことごとく外れてしまう。粗品が賭けた馬が高い確率で負けてしまうことから、競馬ファンの間では「粗品の呪い」という言葉も生まれた。

今では億を超える借金を抱えており、「生涯収支マイナス3億円君」と名乗っている。粗品が注目される前から、ギャンブル好きで借金を抱えていることを自らネタにする「クズ芸人」と呼ばれる人は存在していた。

だが、粗品はほかのクズ芸人と呼ばれるような人たちとひとくくりにされることは少ない。テレビでこの手の話題を出す機会も少なく、自身のＹｏｕＴｕｂｅチャンネルでの発信がメインになっている。

また、粗品はゲーム配信でスーパーチャット（投げ銭コメント）をしてくれる人に対しても、もらえる金額の大小に応じて「太客」「細客」などと呼んで、明確に区別する対応をしている。

この行動だけを見るといかにも金の亡者のような感じがするが、実際には「金の亡者キャラ」を演じることを通して、見る人を楽しませることに徹しているだけで、お金そのものにはさほど興味がないように感じられる。

粗品の借金ネタは、今後もいくらでも大金を稼ぎ続けられる才能の持ち主であると誰もが認めている彼だからこそ許されるような、究極の「体を張った笑い」である。

人間が何かに大金を費やすことを見せるだけなら、ＹｏｕＴｕｂｅでもバラエティ番組でもいくらでも前例はある。しかし、粗品は常人離れしたセンスと覚悟によって、それを前代未聞の刺激的なエンターテインメントにしてしまった。

芸人にも品行方正が求められる時代に、粗品は今の倫理観や価値観の枠の中で、新しい形の型破りな芸人像を確立しようとしている。

怖いもの知らずの毒舌キャラを確立

粗品の攻めの姿勢はギャンブル好きというキャラクターだけにとどまらない。彼は一種の毒舌キャラとして自由奔放に思ったことをぶちまけて、その度に物議を醸している。

たとえば、「ＹｏｕＴｕｂｅｒはおもんない（面白くない）」「ヒカキン、おもんないやろ」などと、事あるごとにＹｏｕＴｕｂｅｒを腐すような発言をしている。

また、木村拓哉に会ったときに挨拶を無視されたと告白したり、もともと6人組だったアイドルグループのＫｉｎｇ＆Ｐｒｉｎｃｅが今は2人組になっていることを知って「今の状態のキンプリ、誰が見るねん」と毒づいたりした。

ネタの中で先輩芸人を面白くないとイジったりすることもあるし、大御所芸人である中田カウスをネタにして「カウス師匠から小包が届いたことあるんですけど、自衛隊に開けてもらおうかと思いました」などとボケてみせたりした。

テレビで宮迫博之を呼び捨てにして、共演者からたしなめられると「先輩じゃないっすよ、あいつ。もう辞めてんから」と反論したりした。

こうやって発言を文字に起こすと、やたらと攻撃的で過激なことばかり言っているような感じがするが、粗品の毒舌というのはどこかカラッとしている。負の感情を抱えてネチネチと恨み言を言っているような感じはしない。むしろ、単に場を盛り上げるための軽口として、深く考えずにそういった発言をしているように見える。

その裏には「タブーにとらわれず思ったことを好き勝手に言って笑いを取れる人間でありたい」という彼の芸人としての美意識のようなものも感じられる。

実際、今の粗品は多くのファンに愛され、熱烈に支持されている。テレビやラジオなどで活躍するのはもちろん、個人のＹｏｕＴｕｂｅチャンネルの登録者数も２１７万人を超えている。

誰かに嚙みつくような過激な言動をする人がＹｏｕＴｕｂｅなどで一時的にもてはやされることはある。ただ、いたずらに他人を傷つけるようなことをやっていれば、すぐに飽きられてしまうし、注目されることはあっても好かれることはない。

その点、粗品はすべてをエンタメとして捉えていて、毒舌キャラもその１つに過ぎない。だから、ファンもどんどん増えていくし、深みにはまっていく。芸人の「芸」としての過激さを見せているからこそ、粗品は愛されているのだ。

そんな粗品に刺激されて、相方のせいやもますます個人での活動に力を入れている。

本格的な音楽活動を行うなど、クリエイターとしてモノ作りにこだわる粗品に対して、せいやには表現者として突出した才能がある。有り余る観察力と表現力を生かした「性格が終わっている武田鉄矢」のものまねなど、個人芸でも話題作を量産している。

せいやはかわいげがあって人に愛されるタイプ。粗品とは全く別の個性を持っている。そんな2人が組み合わせることで、霜降り明星は芸術性と大衆性を見事に両立させた魅力的なコンビになっている。

『M－1』優勝以降も順調に成長を続けている霜降り明星の2人は、今後のお笑い界を引っ張っていく存在になるのは間違いない。

新世代M－1王者・令和ロマン

2023年12月24日に行われた『M－1グランプリ2023』を制したのは、髙比良くるまと松井ケムリの2人から成る令和ロマンだった。2018年優勝の霜降り明星とほぼ同世代であり、最近のM－1チャンピオンの中では霜降り明星に次ぐ若さだった。

令和ロマンは何もかもが規格外の大型新人としてお笑い界に名乗りを上げた。慶應義塾大学のお笑いサークル出身の高学歴芸人であり、学生時代からその界隈では有名な存在だった。

吉本興業のお笑い養成所「NSC東京」を首席で卒業し、プロ1年目でワイルドカード枠（敗者復活システム）で『M－1』準決勝進出を果たした。2020年には「NHK新人お笑い大賞」で優勝した。

そんな令和ロマンの『M－1』優勝は、霜降り明星とは別の意味で新世代の芸人らしさを感じさせるものだった。優勝に至るまでの戦略と優勝してからの動きに関して、それまでの常識とは全く違うものがあったからだ。

コンビの頭脳とも言える存在のくるまは、自分たちの戦略に関してさまざまな場所で積極的に語っている。芸人が裏側の部分をここまであけすけに語ることも珍しいし、そこで語られている内容も興味深い。

まず、彼らがどうやって優勝を果たしたのか、ということについて。

一般的に、『M－1』に挑む芸人は自信のあるネタを2本用意して、それを極限まで磨こうとする。決勝では2本の漫才を披露する必要があるため、そこに向けてネタを細部まで作り込んでいくのが最善策だと考えられているからだ。

だが、今回初めて決勝に進んだ令和ロマンは、決勝で披露するためのネタを4本も用意していた。これは通常では考えられないことだ。彼らはその場の空気に合ったネタを選ぶために、あえて多めに準備していたのだという。

しかも、くじ引きで10組中1番目にネタを披露することになった彼らは「一番手では勝ち目がない」と思い、早々に勝負を捨てた。そこで、自分たちの勝敗を度外視して、とにかく客席を盛り上げられるだけ盛り上げて、あとから出てくる芸人がやりやすい空気を作ろうとした。

そのために、途中で役柄に入り込むコントの要素がなく、純粋なしゃべりだけで展開される「しゃべくり漫才」を選んだ。漫才の途中で観客に話しかけるようなくだりもあった。とにかく客席との心理的な距離を縮めることで、笑いやすい雰囲気を作ろうとした。いわば、彼らは自分たちが捨て石となって、大会全体の空気を良くすることを目指したのだ。

ところが、いざ蓋を開けてみると、そのネタで大爆笑が起こり、不利と言われる一番手で高得点を獲得した。

そして、くるまの分析によると、くじ運の悪さがこの後の悲劇を招いた。たまたま同じ系統のネタを演じる芸人が固まったせいで、観客が漫才を比較して審査する目線でネタを見る空気になり、二番手以降の芸人があまりウケない状況に陥ってしまった。

その結果、勝負を捨てたはずの令和ロマンが最終決戦に駒を進めることになった。彼らが2本目に選んだ漫才は、1本目と違ってコント仕立てのものだった。重い空気を打ち払うために丁寧なツカミで観客を引き込み、再びうねるような笑いを起こした。結局、彼らはそのまま優勝を果たした。

優勝後の記者会見でも、けろっとした表情でどこか他人事《ひとごと》のように戦いを冷静に振り返っているのが印象的だった。

会見の席では「来年も出ます」と宣言したことも話題になった。ほとんどの芸人は『M－1』に優勝したら、再度挑戦することはない。なぜなら、『M－1』への挑戦はそれだけ過酷なものだし、優勝という目的を果たしたのなら再び出る必要もないからだ。

しかし、令和ロマンにとっては『M－1』そのものが一種の娯楽である。そこを目指すこと自体が楽しいのだから、優勝したからといって辞める理由がない。

さらに言うなら、ほかの芸人は『M-1』を売れるための手段だと考えているようなところもある。『M-1』で優勝すれば、それをきっかけにしてテレビにたくさん呼ばれたりして、そちらで活躍できるようになるかもしれない。ほとんどの芸人はそのコースを目指しているので、優勝した後でわざわざ再出場して無駄な苦労を背負う気にはならない。

だが、後述するように、令和ロマンはテレビタレント志向の芸人ではない。だからこそ彼らは何の迷いもなく『M-1』再挑戦を宣言できたのだ。

血と汗と涙ではなく、お笑いへの純粋な興味や好奇心と戦略でつかんだ勝利。令和ロマンは、これまでのお笑い界の常識を覆す新時代のチャンピオンとなった。

令和ロマンが「テレビ出ない」宣言をした理由

令和ロマンは『M-1』優勝後の動きも独特だった。優勝した芸人は数多くのテレビ番組に呼ばれるようになり、そこで一気に知名度を上げて人気者になる、というのがこれまでのセオリーだった。

しかし、令和ロマンはこの既定路線に乗らないことを自ら宣言した。くるまは相方のケムリがテレビに出たいと思っていることは認めつつ、自分は「基本的にテレビの仕事は断っている」と語っていた。

くるまは複数の場所でそのような「テレビ出ない」宣言をしているのだが、彼の主張の核心は「テレビはギャラが安すぎるから」「テレビは上の世代のものだから」という2点にまとめられる。

まず、テレビはギャラが安いという点について。これだけ聞くといかにも独善的な感じがするが、くるまは自分がもともと怠惰な人間であり、なるべく働きたくないという気持ちが根底にあるのだと語る。

今の時代はテレビのギャラがあまり高くないので、テレビに出るよりもライブやＹｏｕＴｕｂｅに出る方が稼げる。だから自分の中でテレビの優先順位が低い。

上の世代の芸人は、お金を稼ぎたい、有名になりたい、モテたい、といったピュアな動機があったので、まっすぐにテレビを目指した。しかし、くるまにはその種の欲望がないので、制作費が減ってギャラも安くなったテレビにこだわる理由がない。実に合理的な思考である。

2つ目の「テレビは上の世代のものだから」という理由については詳しい説明が必要かもしれない。少し長くなるが、彼がNON STYLEの石田明のYouTubeチャンネルに出演したときに語っていた内容を紹介する。

テレビがオワコンだとか、そういう軽々しい若者論を言いたいわけではなくて。……（中略）……今で言うと『有吉の壁』とか『水曜日（のダウンタウン）』とか、もともとテレビに憧れがあった世代という正しい動機があるから挑むべきであって、やらされてて面白いんですけど、僕らの世代がそれを同じ文脈で食らいついたとしても、嘘になるわけですよね。

それはやっぱり愛されるものではないし。……（中略）……俺たちは好きなだけ。ほんと、恋と愛ですよね。恋してますけど愛してないから。愛してるみんなが出てるものが、今すごく美しいものとして成立してるわけであって、だから面白いじゃないですか。

俺らがやったらかわいそうになるんですよ。俺らは好きですけど、俺らを本当にイジりきるほどみんなも俺らを愛してないから。けちょんけちょんにはどうせしてくれないんですよ。

（【野望】令和ロマンのこれからを熱く語る！／髙比良くるま（令和ロマン）、石田明（ＮＯＮ　ＳＴＹＬＥ）【髙比良くるま＃４】、ＮＯＮ　ＳＴＹＬＥ石田明のよい～んチャンネル）

くるまの主張をまとめると、彼のテレビに対する思いは一方通行の片思いであるということになる。彼自身はテレビを愛しているし、その中に入っていきたいという気持ちもある。だが、上の世代の芸人は彼よりもテレビに深い思い入れがあるので、本気でテレビにしがみつこうとする。その懸命な姿こそが面白い。

今のテレビバラエティを支えているのは、30代後半から50代前半の芸人である。この世代の芸人はインターネットが発達していない時代に育ち、テレビに強い憧れを抱いてきた。だからこそ、彼らは本気でテレビに向き合って面白いものを生み出そうとする。自分のような若い世代がテレビに出ても、そこには勝てない。だからテレビには出たくない、というのが彼の主張である。

言っていることがわからなくはないが、この点に関しては少し弱気すぎるのでは、という気もする。お笑いが好きでテレビが好きなら、テレビのお笑い番組のオファーをわざわざ断ることはないのではないか。

実際、くるまは別の場面では「クイズ番組は結果が予想がつくから出ない。『さんまのお笑い向上委員会』は芸人しかいなくて何が起こるかわからないから好き」という趣旨のことも言っている。

これはむしろ、お笑い番組ならば積極的に出ていきたいと言っているようにも見える。

実際、彼の「テレビ出ない」宣言をあまり文字通りに受け止める必要はないのかもしれない。令和ロマンは、優勝前の2023年10月に始まった『研修テレビ!!』（テレビ朝日系）という番組にはレギュラー出演していたし、2024年4月には『ラヴィット!』（TBS系）の新レギュラーにも抜擢された。

それ以外のバラエティ番組で彼らの姿を見かける機会もあり、テレビに全く出ていないというわけではない。ただ、何でも手当たり次第に引き受けることはせずに、仕事を選んでいるというのが実情なのだろう。それ自体は賢明な判断である。

一昔前であれば、売り出し中の若手芸人が「僕はテレビには出ないです」などと言っていたら、業界内外から批判を浴びて袋叩きに遭っていただろう。でも、今ではそれを堂々と宣言するくるまが叩かれることはない。叩く方が「感覚が古い」「老害」などと言われかねないほどだ。

彼らはその空気を察知した上で、あえて「テレビに出ない」と宣言することで独自のポジションを確立しようとしている。

さらに言えば、彼らはテレビに出ないと言う代わりに、自分たちの認知度を上げるため、若者に人気のＹｏｕＴｕｂｅｒやインフルエンサーとＹｏｕＴｕｂｅで積極的にコラボしたり、女性誌などのお笑い以外のジャンルの雑誌に出たり、新しい層を開拓するための動きはむしろ意欲的に行っている。

特に「人気ＹｏｕＴｕｂｅｒとコラボする」というのは、彼らの世代ならではの立ち回りだ。

上の世代の芸人はネットの文化やＹｏｕＴｕｂｅｒに偏見を持っていたりするところがあるため、そこまであっけらかんとフラットな感覚でＹｏｕＴｕｂｅｒと共演することができない。

令和ロマンの場合、ＹｏｕＴｕｂｅｒに対する偏見がそもそもないため、共演したときにも自然な形で絡むことができて、お互いのファンがお互いのことを知るきっかけになるような理想的な交流ができる。

令和ロマンの「テレビ出ない」宣言は、言葉だけは強く聞こえるが、実のところ、テレビを自分たちが出るための数あるメディアの1つとして位置づけて、出るべきものには出る、出なくてもいいものには出ない、という判断をするというだけであり、そこまで特異なことではない。

むしろ、ネット文化が発達してすべてが並列的に存在する時代に、テレビに対して一定の距離を取って付き合っていくのは、この上なく合理的な選択であるとも言える。

令和ロマンも、霜降り明星とは別の形で新しい世代の芸人の生き方を体現する存在である。新元号の「令和」を名乗る２人が、文字通り令和の芸人として次の時代につながる活動を行っているのだ。

天下取りという概念の消滅

松本人志が性加害疑惑で芸能活動を休止したとき、世間では「ポスト松本は誰なのか？」「次に天下を取る芸人は誰なのか？」といったことが話題になっていた。本書の締めくくりとして、この件について持論を述べたい。

単純な人気、知名度、影響力、レギュラー番組本数などの観点から考えると、天下を取っていると言えそうな芸人は何組かいる。

具体的には、くりぃむしちゅー、有吉弘行、バナナマン、サンドウィッチマン、千鳥などが挙げられる。

彼らはいずれも抜群の人気と影響力を誇り、今のテレビバラエティの中心的存在である。ただ、彼らのうちの誰かが「ポスト松本」であり、「天下を取っている」と言えるのかと考えると、なかなか判断に迷うところがある。

というのも、今の時代には芸人の天下取りについて議論をすること自体が筋違いなのかもしれないからだ。

一昔前には『8時だョ!全員集合』『オレたちひょうきん族』『とんねるずのみなさんのおかげです』『ダウンタウンのごっつええ感じ』『めちゃ×2イケてるッ!』のように、その時代を代表するような人気お笑い番組が存在していた。

それらは圧倒的に高い視聴率を取っていたし、世の中に強い影響力を持っていた。テレビのゴールデンタイムにこういう番組を持つことが天下取りの1つの必須条件だった。

だが、テレビの影響力が落ちた今の時代にはそのような番組は存在しない。誰もが認めざるを得ないようなお笑い界の中心的な番組も見当たらない。

あえて言うなら、今お笑い好きに最も刺さっている番組と言えば『水曜日のダウンタウン』(TBS系)だろう。見逃し配信での視聴数も圧倒的に多く、注目度の高い番組である。この番組が群を抜いて面白いというのは多くのお笑い好きが認めるところだ。

ただ、これはダウンタウンの冠番組ではあるが、ダウンタウン主導の番組ではない。

スタジオで浜田雅功は進行を務め、松本はコメンテーターの1人としてVTRを見てからコメントをする立場だった。

もちろんそれぞれ重要な役回りではあるのだが、番組の構造上、必要不可欠なポジションではない。だからこそ、松本が抜けてからもこの番組はフォーマットを変えることなくそのまま回っている。

この番組の売りは、さまざまな「説」を検証していくVTRの面白さにある。スタッフが作るVTRが「主」であり、スタジオにいるタレントは「従」である。

たとえば、ザ・ドリフターズを抜きにして『8時だョ！全員集合』は成立しないし、とんねるずを抜きにして『とんねるずのみなさんのおかげです』は成立しない。でも、ダウンタウンがいなくても『水曜日のダウンタウン』は成立してしまう。

そんな番組が今のテレビバラエティの覇権を握っているということは、テレビが芸人主導ではなくスタッフ主導になっていることを意味する。

もちろん、もともとテレビ番組はスタッフが作っているものではあるのだが、かつては出ている人の権限も強かった。

萩本欽一もザ・ドリフターズもビートたけしもダウンタウンも、自分の番組ではネタや企画を考えたりして知恵を絞っていた。

だからこそ、彼らの番組が大ヒットしたとき、彼らが「天下を取った」と言い切ることができた。

でも、今はそうではない。テレビの影響力が小さくなったから天下を取る芸人が出てこない、というのは一理あるのだが、実際に起こっていることはそれだけではない。テレビの影響力は今でもそれなりにあるのだが、スタッフ主導の番組が増えたことで芸人が主体的に携わる番組が減っていて、そこで戦う余地がなくなっている。

実際、いま多くのレギュラー番組を持っている芸人たちも、テレビの中でクリエイターとして振る舞っているというよりは、スタッフの意向に合わせて適切な動きをしている印象が強い。

オードリーの若林正恭は『あちこちオードリー』の中で「自分の教科書を押し付ける力が強い人が天下を取る」という趣旨のことを語っていた。自分のやり方を押し通す強さがある芸人だけがスターになれるということだ。そして、自分は共感力が高いのでそれができないと告白していた。

本物のスター芸人とは、自分を軸に世界を回すことができる「天動説芸人」である。過去に天下を取っていた芸人は、確実にそのような存在だった時代があった。

しかし、今ではそういう芸人は少なくなっていて、スタッフが作った教科書通りにスマートに進行をする「地動説芸人」が活躍するようになっている。

その上、そもそもテレビの影響力が落ちているので、テレビでお笑いをやることに本気で向き合う芸人自体が減っていく可能性が高い。霜降り明星や令和ロマンなどの新世代芸人の動きを見ていると、それは明らかだ。

天下を取る芸人がいなくなったというよりも、テレビが「天下取り」にふさわしい器ではなくなった、ということなのではないか。

ただ、人を笑わせる「お笑い」という営みには普遍性があり、テレビという１つのメディアが衰退しても一緒に滅びていくわけではない。

ダウンタウンおよび松本人志は、テレビ文化が生んだ最後のスター芸人だった。松本の芸能活動休止は１つの時代の終わりを象徴する出来事だった。

これから天下を取る芸人は、現時点で誰もが想像していないような形で、想像もしていないようなところから出てくるのだろう。1人のお笑いファンとして、そんな未来が訪れるのを楽しみにしている。

ラリー遠田　Larry Toda

1979年、愛知県名古屋市生まれ。東京大学文学部卒業。専攻は哲学。テレビ番組制作会社勤務を経て、フリーライターに。在野のお笑い評論家として、テレビやお笑いに関する取材、執筆、イベント主催など、多岐にわたる活動を行っている。著書に、『お笑い世代論 ドリフから霜降り明星まで』（光文社新書）、『教養としての平成お笑い史』（ディスカヴァー携書）、『とんねるずと『めちゃイケ』の終わり 〈ポスト平成〉のテレビバラエティ論』（イースト新書）他。

中公新書ラクレ 820

松《まつ》本《もと》人《ひと》志《し》とお笑《わら》いとテレビ

2024年10月10日発行

著者……ラリー遠《とお》田《だ》

発行者……安部順一

発行所……中央公論新社
〒100-8152 東京都千代田区大手町1-7-1
電話……販売 03-5299-1730　編集 03-5299-1870
URL https://www.chuko.co.jp/

本文印刷…三晃印刷　カバー印刷…大熊整美堂　製本…小泉製本

Published by CHUOKORON-SHINSHA, INC.
Printed in Japan ISBN978-4-12-150820-1 C1276